MÁS DE

MW01147033

GUÍA BÍBLICA ESENCIAL

ENTIENDA CUALQUIER LIBRO *de la* BIBLIA *en* 10 MINUTOS

JIM GEORGE

PORTAVOZ

La misión de *Editorial Portavoz* consiste en proporcionar productos de calidad —con integridad y excelencia—, desde una perspectiva bíblica y confiable, que animen a las personas a conocer y servir a Jesucristo.

Debido al tratamiento breve de cada libro de la Biblia en este manual, no se habla de fechas, temas y autores polémicos. Para este tipo de información consulte, por favor, otras obras de referencia más amplias que están pensadas para tratar en profundidad diversas opiniones y detalles.

Título del original: *The Bare Bones Bible™ Handbook* © 2006 por Jim George y publicado por Harvest House Publishers, Eugene, Oregon 97402. Traducido con permiso.

Edición en castellano: *Guía bíblica esencial* © 2009 por Jim George y publicado por Editorial Portavoz, filial de Kregel Publications, Grand Rapids, Michigan 49501. Todos los derechos reservados.

Traducción: Beatriz Fernández

EDITORIAL PORTAVOZ
P.O. Box 2607
Grand Rapids, Michigan 49501 USA

Visítenos en: www.portavoz.com

ISBN 978-0-8254-1273-8

12 13 / 5 4 3

Impreso en los Estados Unidos de América
Printed in the United States of America

Contenido

¡Bienvenido a la Biblia!

La Biblia es única entre todos los libros. Afirma haber sido escrita por Dios, el Creador del universo. Este Dios Todopoderoso utilizó cuarenta autores inspirados para transcribir las Escrituras a lo largo de 1500 años. La Biblia es una historia escrita sobre la gracia salvadora de Dios. Desde el primer capítulo, Dios soberanamente conduce la historia hacia una dirección definida para la consumación de todas las cosas en el cielo nuevo y la tierra nueva, donde su nombre será honrado por toda la eternidad, y su voz obedecida por todos los pueblos de la tierra.

Aunque la Biblia es un libro antiguo, sus verdades son tan relevantes hoy como cuando fue escrita hace miles de años. Debido a que la Biblia es la revelación de Dios para la humanidad, sus principios son atemporales y dan respuesta a cada cuestión y necesidad de la vida.

Es mi deseo que la *Guía bíblica esencial* se convierta en una herramienta que lo haga familiarizarse con el plan de Dios para los tiempos y mejore su conocimiento actual de la Biblia. Espero que este libro lo estimule a descubrir las asombrosas verdades presentes en la Palabra de Dios: la Biblia.

El Antiguo Testamento

Los libros históricos

✛

Los primeros 17 libros de la Biblia trazan la historia del hombre desde la creación, hasta el origen y destrucción de la nación de Israel. En el Pentateuco (los primeros cinco libros de la Biblia), Israel es escogida, redimida y preparada para entrar en la tierra prometida. Los 12 libros históricos restantes recogen la conquista de esa tierra, un periodo de transición en el cual los jueces gobiernan la nación, la formación del reino y la división de este en los reinos del Norte (Israel) y del Sur (Judá), y finalmente la destrucción y el cautiverio de ambos reinos.

Génesis

En el principio creó Dios los cielos y la tierra.
(1:1)

Tema: Comienzos
Fecha: 1445-1405 a.C.
Autor: Moisés
Lugar: Oriente Medio

La palabra hebrea para *Génesis* significa "en el principio", y de eso exactamente trata Génesis. Como primer libro de la Biblia, Génesis establece los fundamentos de todo lo que viene a continuación, incluidas las verdades clave que Dios quiere que usted conozca para que su vida tenga sentido. A través de las páginas de Génesis, experimentará el asombroso poder de Dios en su creación, la rectitud del juicio de Dios en el diluvio enviado para castigar la pecadora desobediencia de la humanidad, y la tierna misericordia de Dios al proteger a Noé y a su familia del diluvio. También será testigo de la extraordinaria gracia del Padre cuando pone en marcha su plan para redimir a la humanidad, primero al fundar la nación de Israel y finalmente al enviar a Jesucristo. Génesis está lleno de momentos clave que forman la auténtica base de la historia.

Esquema

▶ **Capítulos 1–2** *La Creación*

Dios crea la tierra de la nada, un lugar perfecto para que vivan Adán y Eva, el primer hombre y la primera mujer. Los coloca en el idílico huerto de Edén y bendice su relación.

> ▸ **Capítulos 3–5** *La caída y sus consecuencias*

La perfección de la gloria de Dios se ve interrumpida cuando Satanás tienta a Adán y a Eva para que desobedezcan a Dios y usurpen el gobierno que tiene sobre sus vidas, intentando convertirse ellos mismos en dioses. Cuando caen en la tentación —a lo cual se denomina "la caída"—, dañan su relación con Dios, son expulsados del huerto y deben vivir sin la bendición original que Él pretendía que tuvieran. (Sin embargo, incluso en medio de esta calamidad, Dios comienza a poner en marcha su plan a largo plazo para redimir a la humanidad y devolver al hombre su relación íntima con Él.) Siguiendo el pecado de sus padres originales, la raza humana degenera en violencia, maldad y autodestrucción.

> ▸ **Capítulos 6–11** *El diluvio y un nuevo principio*

Descontento con la maldad de la humanidad, Dios determina destruir al hombre mediante un diluvio mundial. Solo Noé (un hombre recto) y su familia son librados de la devastación. Con ellos, la tierra es repoblada, y se forman las primeras naciones.

> ▸ **Capítulos 12–25** *La historia de Abraham*

Dios llama a Abraham para que abandone su país natal y viaje hasta la tierra prometida, y le dice que se convertirá en el padre de su pueblo escogido. Dios hace muchas promesas a Abraham, una de las cuales es que él, un hombre mayor sin hijos, tendrá muchos descendientes que formarán una gran nación, un pueblo a través del cual vendrá la salvación. Esta promesa se cumpliría en el descendiente más grande de Abraham: Jesucristo.

> ▸ **Capítulos 24–28** *La historia de Isaac*

Siendo anciano y todavía sin hijos, Abraham empieza a desesperarse. Pero fiel a la promesa de Dios, a Abraham y a su esposa Sara les nace su hijo Isaac, aunque eran ancianos.

> ▸ **Capítulos 28–36** *La historia de Jacob*

Isaac tiene dos hijos: Jacob y Esaú. Aunque Isaac favorece a Esaú, el hermano mayor, Jacob planea asegurarse los privilegios de la primogenitura de su padre. Por temor a la ira de Esaú al haberle arrebatado sus derechos de primogenitura, Jacob se ve forzado a huir para salvar su vida. Tras muchas aventuras, incluida una misteriosa lucha hasta el alba con Dios, Jacob madura hasta convertirse en el hombre que Él pretendía que fuese. Dios le cambia el nombre por el de *Israel*, que significa "el que lucha con Dios", y los 12 hijos de Jacob se convierten en las 12 tribus de Israel.

▶ **Capítulos 37–50**   *La historia de José*

Génesis termina con el relato de José, el hijo favorito de Jacob, que es vendido trágicamente como esclavo a Egipto por sus hermanos. Pero Dios tiene planes para José y triunfalmente lo coloca como líder en Egipto, lo cual hace posible que su familia se establezca más tarde allí con él y sobreviva a la devastadora hambruna de siete años de duración.

Mensaje principal

Además de los grandes sucesos, tales como la creación del universo, la caída, el diluvio y la fundación de Israel, Dios quiere que los lectores conozcan a cada persona que formará parte de su plan para redimir a la raza humana. Aquellos que escoge no son santos perfectos. Son, a veces, muy imperfectos en carácter y en actos. Génesis recoge sus mentiras, engaños, su cuestionamiento de Dios o su orgullo excesivo. A pesar de esto, el Señor puede utilizarlos de todas formas. Este es uno de los grandes mensajes del libro de Génesis: el Dios que nos creó no ha terminado con nosotros. Quiere "volver a crearnos": nos da un nuevo principio y nos ayuda a convertirnos en el tipo de personas que Él desea que seamos.

Aplicación personal

Al igual que con Abraham, Jacob, José y otros en Génesis, Dios puede hacer grandes cosas a través de vasijas débiles, incluido usted. Por su gracia y plan soberano, los errores y defectos que usted tenga no lo descalifican para formar parte de su gran plan, un plan que todavía es llevado a cabo en usted.

Lecciones para la vida en Génesis

▶ Dios, el único y soberano Creador, lo ha formado y lo conoce mejor que usted mismo.

► Dios lo ha creado a su imagen, como una expresión de sí mismo.

► Dios utiliza a personas con pies de barro —imperfectos, fracasados y dañados— para cumplir su voluntad.

► Dios se toma en serio el mal, y aquellos que rechazan su amor y sabiduría experimentarán su juicio.

► Dios es muy capaz de hacer que sus tragedias se conviertan en triunfos.

Dónde encontrarlo

Hechos básicos sobre Abraham

• Era descendiente de Sem, uno de los hijos de Noé.

• Se casó con su media hermana Sara.

• Rescató valientemente a su sobrino Lot cuando venció a un poderoso enemigo.

• Dios cambió su nombre de *Abram* a *Abraham*, que significa "padre de multitudes".

• Se le conocía como amigo de Dios (2 Cr. 20:7).

• Sus muchos actos de obediencia y confianza dieron testimonio de su fe en Dios.

• Fue el padre de las naciones judía y árabe.

• Vivió 175 años.

Éxodo

Y he descendido para librarlos
de la mano de los egipcios,
y para sacarlos de aquella tierra
a una tierra buena y espaciosa...
(3:8, BLA)

☙

Tema: Liberación
Fecha: 1445-1405 a.C.
Autor: Moisés
Lugar: Desde Egipto hasta el monte Sinaí

El tiempo que pasa entre el último versículo de Génesis y el primer versículo del libro de Éxodo es de unos 400 años. Durante estos cuatro siglos, los 70 miembros de la familia de Jacob (que se asentaron con José en Egipto para sobrevivir a la hambruna) se multiplicaron hasta dos millones. Nuevos reyes, que no conocían a José y su importante papel en la supervivencia de Egipto dirigen ahora la tierra. Por temor a la creciente población de israelitas, estos nuevos reyes obligan a los hijos de Israel a convertirse en esclavos. Éxodo es un relato de cómo Dios libera a su pueblo de la esclavitud y lo conduce al monte Sinaí para recibir instrucciones de cómo adorarlo y servirlo como a su Dios.

Esquema

▶ **Capítulos 1–6** *Esclavitud*

Cuando los israelitas, que estaban sufriendo, suplican a Dios que los libere, Él responde dándoles un defensor. Este hombre, llamado Moisés, ha sido preparado especialmente por Dios para esta tarea.

Nacido como esclavo hebreo, es adoptado por la hija de Faraón y educado en la casa del rey. Fracasa a la hora de intentar asumir su papel de liderazgo sobre los israelitas y pasa 40 años como pastor en el desierto. Al final, Moisés está preparado para el liderazgo y, en una zarza ardiente, recibe el llamamiento para liderar la nación de Israel. Después de algunas dudas y muchas excusas, Moisés obedece a Dios, se acerca a Faraón y le pide que permita a los israelitas salir de Egipto.

▶ **Capítulos 7–18**   *Liberación*

Faraón no accede a la petición de Moisés, así que Dios le muestra a aquel diez dramáticas y milagrosas plagas para convencerlo de que deje ir a los israelitas. La plaga final es la muerte de los varones primogénitos de toda familia egipcia. El ángel de la muerte pasa por alto todos los hogares israelitas porque habían seguido las instrucciones de Dios de rociar las puertas de sus casas con sangre de cordero. Finalmente, Faraón libera al pueblo, pero luego cambia de idea y lo persigue. En una confrontación final con Faraón, Dios despliega su poder, y el ejército egipcio y Faraón se ahogan en el Mar Rojo. Con gran regocijo, los israelitas viajan hasta el monte Sinaí para recibir instrucciones para adorar y servir a Dios.

▶ **Capítulos 19–31**   *Instrucciones en Sinaí*

Al llegar a Sinaí, Moisés sube a la montaña para recibir los Diez Mandamientos, las reglas de Dios sobre cómo debe vivir su pueblo. Mientras Moisés está en la montaña, Dios también le da muchas regulaciones sociales y religiosas para la vida diaria. Además, Moisés recibe los detalles para la construcción del tabernáculo para adorar a Dios.

▶ **Capítulos 32–34**   *Se pone a prueba el compromiso de Dios*

Mientras Moisés recibe en el monte las instrucciones de Dios para llevar una vida piadosa, las personas allá abajo cometen pecados de la peor clase: idolatría e inmoralidad. El Señor, con una ira santa y justa, desea destruir a su pueblo y empezar de nuevo con Moisés. Pero este intercede, apelando al carácter y a la misericordia de Dios. Como resultado, la comunión entre Israel y Dios se renueva, y el pueblo se compromete a obedecerlo.

▶ **Capítulos 35–40**   *Construcción del tabernáculo*

Después de arrepentirse por haber adorado el becerro de oro, el pueblo de Israel entrega gustosamente sus posesiones para construir y decorar un tabernáculo, y para proporcionar vestidos al sumo sacerdote. El libro de Éxodo finaliza con la terminación del tabernáculo y con la llegada de Dios para habitar en la tienda y llenarla de su gloria.

Mensaje principal

Habiendo sido esclavos durante 400 años, es difícil para los israelitas adaptarse a la libertad. La esclavitud en Egipto tenía sus beneficios, ya que ese país era el centro del mundo en aquel momento. Toda la riqueza y sabiduría de la tierra fluía a través de Egipto. Aunque los israelitas habían sido tratados duramente, tenían comida y un techo. Tras ser liberados de la esclavitud de Egipto, los hijos de Israel a menudo miraban con añoranza hacia atrás, hacia los días de esclavitud, olvidando que habían sido tratados de forma inhumana.

Aplicación personal

Al igual que los israelitas, Dios también lo libera a usted de su esclavitud —la esclavitud del pecado— por medio de la sangre del cordero perfecto de Dios: el Señor Jesucristo. Pero, al igual que los israelitas, a menudo usted sentirá la tentación de mirar hacia atrás, añorando los placeres del pecado y olvidando la dura crueldad de vivir bajo su esclavitud. Deje que Éxodo le recuerde su liberación. Siga mirando hacia delante. Siga recordando la gloria de Dios y la victoria de su Hijo sobre el pecado.

Lecciones para la vida en Éxodo

▶ Dios oye los lamentos de su pueblo y lo libera.

▶ La preparación para el liderazgo espiritual lleva su tiempo.

▶ Cuando Dios lo selecciona para una tarea, no se acepta ningún tipo de excusas.

▶ Dios exige que se le adore de todo corazón, completamente.

▶ Orar por los demás es un elemento vital en la vida de un cristiano.

▶ El arrepentimiento restablece la comunión con Dios.

Dónde encontrarlo

Las Diez Plagas

1. Sangre (7:20)
2. Ranas (8:6)
3. Piojos (8:17)
4. Moscas (8:24)
5. Muerte del ganado (9:6)

6. Úlceras (9:10)
7. Granizo (9:23)
8. Langostas (10:13)
9. Tinieblas (10:22)
10. Muerte de los primogénitos (12:29)

Levítico

Porque yo soy Jehová vuestro Dios...
seréis santos, porque yo soy santo...
(11:44)

☘

Tema: Instrucción
Fecha: 1445-1405 a.C.
Autor: Moisés
Lugar: Monte Sinaí

Para cuando termina el libro de Éxodo, ha pasado un año desde que el pueblo de Dios salió de Egipto. Durante ese año, se han producido dos nuevos avances en la relación de Dios con su pueblo. Primero, la gloria de Dios reside ahora entre los israelitas; y segundo, existe un lugar central para la adoración: el tabernáculo. Cuando empieza Levítico, los israelitas todavía están acampados al pie del monte Sinaí en el desierto.

Sin embargo, aún faltan varios elementos de adoración, y Levítico contiene las instrucciones para esto. Se deben celebrar una serie de fiestas y un conjunto de sacrificios estructurados y regulados. También se deben nombrar un sumo sacerdote, un sacerdocio formal y un grupo de trabajadores para el tabernáculo. En Éxodo 19:6, Dios llama a Israel a ser "un reino de sacerdotes y gente santa". Levítico está lleno de las instrucciones de Dios sobre cómo debe adorar su recientemente redimido pueblo.

Esquema

▶ **Capítulos 1–7** *Leyes para una adoración aceptable*

Levítico comienza cuando Dios llama a Moisés desde el tabernáculo. Él le dice que instruya a su pueblo sobre cómo acceder personalmente a Dios ofreciéndole cinco tipos distintos de sacrificios. Después le da instrucciones para los sacerdotes sobre cómo tienen que ayudar al pueblo a realizar cada uno de estos cinco sacrificios.

> **Capítulos 8–10** *Leyes aplicables al sacerdocio*

Hasta este momento, las personas como Abraham, Job y otros individuos santos han ofrecido sacrificios personales a Dios para adorarlo. Pero ahora Aarón (el sumo sacerdote y hermano de Moisés) y sus hijos y los descendientes de estos son ordenados por Dios para asumir el papel de ser los que ofrecen los sacrificios por el pueblo.

> **Capítulos 11–16** *Leyes sobre la limpieza*

En esta sección, Dios utiliza temas de la vida diaria (como la comida, los animales, el alumbramiento, la enfermedad y las funciones corporales) para enseñar a las personas la diferencia entre lo que es santo o "limpio", y lo que es impuro o "inmundo". Dios no da explicaciones o razones para sus instrucciones. Solamente declara que esos son sus criterios y que deben ser obedecidos.

> **Capítulos 17–27** *Leyes para una vida aceptable*

Moisés continúa enfatizando la santidad personal de cada uno como respuesta adecuada a la santidad de Dios. Moisés ofrece detalles sobre cómo pueden los israelitas ser aceptables espiritualmente para Dios. También advierte sobre el consumo de sangre, las prácticas sexuales adecuadas, honrar a los padres y otros temas relacionados con la vida santa.

Mensaje principal

A lo largo del libro de Levítico, se instruye continuamente sobre la dedicación a la santidad personal en respuesta a la santidad de Dios. El énfasis se repite más de 50 veces con frases del tipo: "Yo soy Jehová vuestro Dios" y "Yo soy santo". Israel sabía poco sobre cómo adorar y vivir para Dios. Habían vivido en una tierra llena de dioses paganos, y su sentido de la moral desdichadamente estaba distorsionado, como atestigua "la experiencia del becerro de oro". Dios no podía permitir que los israelitas continuaran adorando de una forma pagana o que vivieran según valores paganos. Con las instrucciones de Levítico, los sacerdotes conducirían al pueblo hacia una forma de adoración aceptable y a una manera de vivir piadosa.

Aplicación personal

Sea consciente de ello o no, sus perspectivas son puestas a prueba o distorsionadas por la cultura pagana que le rodea. Su manera de adorar y su moral se ven constantemente influidas —moldeadas o conformadas (Ro. 12:2)— por una sociedad impía. Pero Dios le ha dado a usted su libro de instrucciones, la Biblia, para corregir cualquier valor deformado y enseñarle a vivir adecuadamente y adorar de una forma que a Él le resulte aceptable. Tenga cuidado en no hacer caso omiso a las instrucciones de Dios; léalas en la Biblia para entender qué exige un Dios santo para vivir de una forma santa.

Lecciones para la vida en Levítico

▶ Dios es santo y exige a su pueblo una vida santa.

▶ Dios establece que hay formas aceptables e inaceptables de adorarlo.

▶ Dios tiene criterios exactos sobre cómo se debe vivir.

▶ Dios dice que si obedecemos sus criterios, seremos bendecidos, pero la desobediencia será castigada.

Dónde encontrarlo

La vida de Moisés

- Llamado el profeta más grande de todo el Antiguo Testamento
- Autor de los cinco primeros libros de la Biblia
- Fue príncipe de Egipto
- Tuvo una hermana y un hermano: María y Aarón
- Fue educado en todo el conocimiento de Egipto
- Fue entrenado para que sobreviviera en el desierto como pastor
- Conoció a Dios cara a cara
- Vivió 120 años
- Recibió los Diez Mandamientos dos veces

Localización del monte Sinaí

Mar Mediterráneo

Jerusalén ●

Desierto de Sinaí

EGIPTO

**Monte
Sinaí**
▲

0   50   100
MILLAS

Mar Rojo

A lo largo de todo el libro de Levítico, el pueblo de Israel vive en un campamento al pie del monte Sinaí. Allí, Dios da a Moisés los Diez Mandamientos y otras instrucciones para vivir rectamente.

Números

Estas son las jornadas de los hijos de Israel,
que salieron de la tierra de Egipto por sus ejércitos,
bajo el mando de Moisés y Aarón
(33:1)

☘

Tema: Jornadas
Fecha: 1445-1405 a.C.
Autor: Moisés
Lugar: El desierto

El libro de Números está escrito en los años finales de la vida de Moisés y se centra en sucesos que tuvieron lugar en los años segundo y cuarenta después de que él condujo a la nación de Israel fuera de Egipto hacia la libertad. Todo lo que se recoge en Números 1—14 sucede en el año después del éxodo, y los sucesos ocurridos a los israelitas en los 38 años de vagar por el desierto se concentran en Números 15—19. Los capítulos 20—36 relatan el año cuarenta después de la liberación del pueblo de Dios. Este viaje de 39 años desde el monte Sinaí hasta los campos de Moab recoge las experiencias de *dos generaciones* de la nación de Israel.

Esquema

▶ **Capítulos 1–14** *La generación antigua*

La primera generación de la nación de Israel participó en el éxodo de Egipto. Los detalles de su historia comienzan en Éxodo 2:23, cuando eran esclavos en Egipto, y continúan a través del libro de Levítico y hasta los primeros 14 capítulos de Números. Esta generación es "numerada" ya que se realiza un censo de los guerreros activos para la conquista de

Canaán, la tierra prometida. Se les dan instrucciones especiales antes de partir a la jornada entre Sinaí y Canaán. Después ellos marchan, junto con sus familias, hasta los límites de la tierra prometida. Sin embargo, cuando esta generación de guerreros llega al borde de su nuevo hogar, se niegan a entrar en la tierra por un informe aterrador de diez de los doce hombres enviados a espiar.

Debido a esta rebelión contra la orden de Dios, todos los adultos de 20 años y más son sentenciados a morir en el desierto. Solo Caleb y Josué, los dos espías que dieron un informe positivo para que la ciudad fuese tomada, vivirán para entrar en la nueva tierra.

▸ **Capítulos 15–20**   *La trágica transición*

En estos capítulos, *la primera y la segunda generación* se superponen. La primera muere, y la segunda llega a la madurez. Estos capítulos suponen un triste final para lo que empezó con una gran promesa. En el capítulo 20, Moisés se enfada por el continuo murmurar del pueblo. Después desobedece el mandato de Dios sobre cómo proporcionar agua para todos. Como castigo, Dios decreta que Moisés no entre con los israelitas en la tierra de Canaán. Un acto final de transición desde la primera hasta la segunda generación se produce con la muerte de Aarón, el hermano de Moisés y sumo sacerdote de Dios.

▸ **Capítulos 21–36**   *La nueva generación*

Al igual que la primera, *la segunda generación* viaja hasta los límites de la tierra. También reciben instrucciones, y de nuevo se realiza un censo antes de la invasión de la tierra prometida. Moisés designa a Josué como su sucesor y líder de esta nueva generación. Pero, al contrario que la primera generación, la segunda no teme ir a la guerra y, en poco tiempo, hereda la tierra prometida.

Mensaje principal

En los primeros versículos de Números, Dios ordena a Moisés que numere a los hombres de 20 años y más que pueden ir a la guerra. (Esta selección inicial trata de ayudar a organizar y a disciplinar a este grupo de antiguos esclavos). Pero antes de que los israelitas vayan a la batalla, se envían 12 espías a la tierra prometida para determinar la fuerza del enemigo. Diez de los espías dan un informe negativo, diciendo que el pueblo de Dios eran "como langostas" comparados con los gigantes que había en la tierra. Aunque Dios prometió darles a los israelitas esa tierra, la mayoría de los espías no creyeron que el enemigo pudiera ser conquistado.

Este informe negativo es contagioso, y la incredulidad de los espías se extiende a todo el ejército. Se centran en el tamaño del enemigo en lugar de en la talla y la grandeza de su Dios. Como castigo por su incredulidad, Dios decide que todos los mayores de 20 años tienen que morir en el desierto. Solo Josué y Caleb se salvan porque sus informes sobre la tierra se centraron en el poder de Dios y en sus promesas. Ellos creían que Él era capaz de dar la victoria a su pueblo. Dios honró su fe y les permitió finalizar el viaje y entrar en la tierra prometida.

Aplicación personal

¿Qué problema aparentemente insuperable está enfrentando hoy? ¿Qué gigante lo está acobardando? Aprenda una lección de Josué y de Caleb, y responda con fe. Céntrese positivamente en el poder de Dios y no negativamente en el problema que lo afecta en su viaje por la vida. Sí, el enemigo es poderoso, pero Dios es más poderoso. Declare con valentía: "En Dios haremos proezas, y él hollará a nuestros enemigos" (Sal. 60:12).

Lecciones para la vida en Números

▶ El orden y la disciplina son esenciales para completar con éxito su viaje por la vida.

▶ Incluso cuando las probabilidades sean escasas, puede creer en Dios y en sus promesas.

▶ Tenga cuidado con la incredulidad de los demás. ¡Es contagiosa!

▶ Temer a los demás y no confiar en Dios tiene consecuencias graves.

▶ Como Josué y Caleb, no se una a la incredulidad de la mayoría. Tenga fe en Dios y coseche las bendiciones de ello.

Dónde encontrarlo

El informe de los 12 espías .... Números 13—14

Muerte de María, hermana de Moisés ....Números 20:1

Muerte de Aarón .... Números 20:29

La serpiente de bronce .... Números 21:4-8

El asna de Balaam que habló .... Números 22:22-30

El nombramiento de Josué como líder ....Números 27:18-23

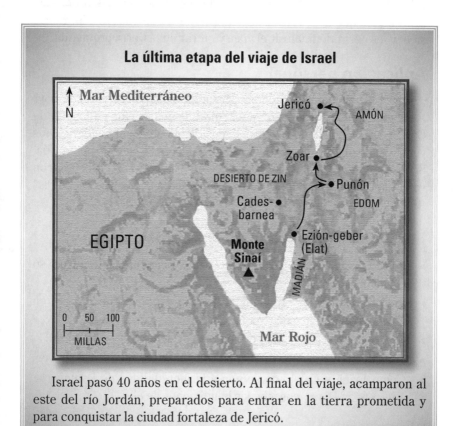

La última etapa del viaje de Israel

Israel pasó 40 años en el desierto. Al final del viaje, acamparon al este del río Jordán, preparados para entrar en la tierra prometida y para conquistar la ciudad fortaleza de Jericó.

Deuteronomio

...¿qué pide Jehová tu Dios de ti,
sino que temas a Jehová tu Dios,
que andes en todos sus caminos...?
(10:12)

☥

Tema: Obediencia
Fecha: 1405 a.C.
Autor: Moisés
Lugar: Los campos de Moab

Todo el libro de Deuteronomio sucede en un único lugar y durante un mes aproximadamente. Israel está acampada en el río Jordán al otro lado de la ciudad fortificada de Jericó. Han pasado 40 años desde que los israelitas salieron de Egipto.

Deuteronomio se concentra en los sucesos que se producen en las últimas semanas de la vida de Moisés. El principal acontecimiento es la comunicación verbal de la divina revelación que Moisés había recibido en los más de 39 años de vagar por el desierto. Su audiencia es la nueva generación. Ellos están preparados y dispuestos a entrar en la nueva tierra. Esta nueva generación necesita instrucciones para prepararse para entrar y prosperar en ella. Moisés, que ya tiene 120 años, pronuncia tres discursos de despedida.

Esquema

▶ **Capítulos 1–4** *El primer discurso*

Mirando atrás en el tiempo, Moisés hace un repaso histórico de los años y los hechos desde el monte Sinaí hasta el tiempo actual en que los hijos de Israel están acampados en los campos de Moab.

▶ **Capítulos 5–26** *El segundo discurso*

Después Moisés repasa los Diez Mandamientos de Dios y da instrucciones sobre cómo enseñarlos a las siguientes generaciones. Además, se repasan las leyes ceremoniales, civiles y sociales ante este nuevo grupo antes de que habiten la nueva tierra.

▶ **Capítulos 27–30** *El tercer discurso*

De forma teatral, como parte de su "sermón" final, Moisés coloca a la mitad del pueblo en una montaña y a la otra mitad en la montaña de enfrente. Después pone a los líderes de la nación en el medio. Dirigiéndose primero a un lado y luego al otro, Moisés describe el futuro inmediato con sus bendiciones por obediencia y sus castigos por desobediencia. Luego profetiza lo que sucederá en el futuro más lejano, cuando Israel desobedezca a Dios y, como castigo, sea diseminada entre las demás naciones. Luego Moisés proclama que finalmente, fiel a sus promesas, Dios volverá a traer a su pueblo a la amada tierra.

▶ **Capítulos 31–34** *Los sucesos finales*

En estos capítulos finales del Pentateuco, los cinco libros escritos por Moisés, Josué es confirmado una vez más como el nuevo líder de los israelitas. Moisés después hace dos breves discursos más. Al primero se lo conoce como "cántico de Moisés". En este canto profético, el líder describe la apostasía en la que caerá Israel, el castigo de Dios, y su perdón y la curación tanto de Israel como de la tierra. En el segundo discurso breve, Moisés ofrece su bendición final a cada una de las 12 tribus. Habiendo cumplido su papel como líder, Moisés sube a lo alto de una montaña cercana, Nebo, y mira desde allí la tierra prometida al otro lado del río Jordán. Después muere y es enterrado por Dios.

Mensaje principal

El libro de Deuteronomio revela mucho sobre el carácter y la naturaleza de Dios. ¡Qué privilegiado es el mundo por tener el testimonio escrito de Dios y su relación con su pueblo! Cada vez que olvidemos algún aspecto del carácter de Dios o de su obra dentro de la historia, simplemente podemos abrir la Biblia y leer Deuteronomio.

Pero eso no era así en los tiempos de Moisés. La única manera de recordarle a esta nueva generación el maravilloso carácter de Dios era ensayándolo con ellos, repasando oralmente para ellos cómo Dios honra la obediencia a sus mandamientos y castiga la desobediencia. Moisés también relata de nuevo la rebelión del pueblo y las consecuencias de su testarudez. Tienen que aprender una lección clave del pasado: la desobediencia acarrea consecuencias. Pero también tienen que recordar que Dios está presente con ellos y que si dedican sus vidas a obedecerlo y a obedecer sus leyes, recibirán sus bendiciones.

Aplicación personal

Las instrucciones de Moisés sobre el carácter de Dios todavía son adecuadas hoy día. Aprender sobre Él le ayuda a usted a amarlo y a intentar conseguir la santidad personal. Dios es el modelo para seguir. Él es santo y espera que su pueblo tenga un comportamiento santo. Como cristiano, se le pide que usted sea santo como Dios es santo. Tiene que amarlo de todo su corazón, y de toda su alma y con todas sus fuerzas (ver Dt. 6:5).

Lecciones para la vida en Deuteronomio

▶ Deje que sus fracasos pasados lo preparen para sus futuras victorias.

▶ Dese cuenta de que Dios puede borrar cualquier pecado, pero que no siempre elimina sus consecuencias.

▶ Nunca olvide de qué fue salvado.

▶ Repase la Palabra de Dios regularmente, ella guiará sus pasos.

Dónde encontrarlo

Repaso de los Diez Mandamientos...............Deuteronomio 5:7-22

"Jehová uno es".. Deuteronomio 6:4

El mandamiento de amar a Dios.................... Deuteronomio 6:4-9

La muerte de Moisés.. Deuteronomio 34:5

Los Diez Mandamientos

1. No tendrás dioses ajenos a mí (Éx. 20:3).
2. No harás imagen ni la honrarás (Éx. 20:4-5).
3. No tomarás el nombre de Dios en vano (Éx. 20:7).
4. Acuérdate del día de reposo para honrarlo (Éx. 20:8).
5. Honra a tu padre y a tu madre (Éx. 20:12).
6. No matarás (Éx. 20:13).
7. No cometerás adulterio (Éx. 20:14).
8. No hurtarás (Éx. 20:15).
9. No hablarás contra tu prójimo falso testimonio (Éx. 20:16).
10. No codiciarás (Éx. 20:17).

Josué

...pero yo y mi casa serviremos a Jehová.
(24:15)

Tema: Conquista
Fecha: 1405-1385 a.C.
Autor: Josué
Lugar: Canaán, la tierra prometida

Cuando Moisés pasó el bastón del liderazgo a Josué (Dt. 34), Israel estaba al final de sus 40 años de vagar por el desierto. Josué había sido el aprendiz fiel de Moisés durante más de 40 años y se acercaba a los 90 cuando aquel lo llama para ser el nuevo líder de Israel. La tarea de Josué es liderar a Israel para que entre en la tierra de Canaán, ahuyente a sus habitantes y divida el territorio entre las 12 tribus.

Esquema

▸ **Capítulos 1–5** *Preparación para conquistar la tierra*

El libro que lleva el nombre de Josué se inicia con el pueblo de Israel en los campos de Moab, al este del río Jordán, mientras se preparan espiritual, moral y físicamente para la conquista de la tierra. Josué y los israelitas se enfrentan a distintos pueblos del lado occidental del Jordán, los cuales constituían un enemigo peligroso y temible que vivía en ciudades fuertemente fortificadas. No obstante, Dios dará a Israel la tierra a través de la conquista, principalmente para cumplir el pacto que Él había establecido con Abraham y sus descendientes, pero también para juzgar de forma justa a los pecadores habitantes de la tierra que se habían hecho muy malvados (ver Gn. 15:16).

La conquista comienza de forma similar al éxodo. El pueblo debe primero cruzar una masa de agua. En este caso, es el río Jordán, cuyas aguas desbordan las orillas en la estación lluviosa. Al igual que hizo con el Mar Rojo, Dios separa las aguas del río Jordán, y su ejército pasa a través de la tierra seca.

▶ **Capítulos 6–12** *Conquista de la tierra*

Ahora el ejército está posicionado y listo para comenzar la batalla para ganar su tierra prometida. La primera prueba de Israel comienza cuando se le pide que permita que Dios proporcione la victoria en la grande y fortificada ciudad de Jericó. Después de que el pueblo caminara alrededor de la ciudad durante siete días, Dios derribó sus murallas. Esta conquista de la céntrica Canaán supone un punto estratégico entre las ciudades del norte y el sur, lo cual evita que se produzca una alianza masiva contra Israel.

Las batallas en el norte y en el sur resultan también victoriosas porque Israel de nuevo permite que Dios luche por ellos. El único problema surge por un juramento absurdo que los líderes israelitas hacen a los engañosos gabaonitas, que fingieron ser un pueblo procedente de un lugar lejano y pidieron protección a los ejércitos de Israel. Como los israelitas se creyeron la mentira e hicieron el juramento de proteger a los gabaonitas, se vieron forzados a defender a los gabaonitas desobedeciendo así el mandato de Dios de eliminar a todos los cananeos, incluidos los gabaonitas.

▶ **Capítulos 13–22** *Distribución de la tierra*

Siete años más tarde, después de haberse realizado la mayor parte de la conquista, Dios le dice a Josué que divida la tierra entre las 12 tribus. La distribución se hace por suertes, y las tribus deben terminar la conquista de las zonas que les han sido asignadas.

▶ **Capítulos 23–24** *Últimas palabras de Josué*

Estos capítulos finales recogen la petición final de Josué a los líderes de que guarden las leyes y una exhortación al pueblo para que sirvan al Señor.

Mensaje principal

La conquista de la tierra sigue la sencilla estrategia de "divide y vencerás". Jericó es la ciudad clave en la parte central de la tierra. Dios utiliza lo que parece un plan militar absurdo (caminar alrededor de la ciudad durante siete días, y el último día tocar las trompetas y gritar). Este mandato es una prueba para ver si todos reconocen que una conquista exitosa siempre procede del poder de Dios y no de las habilidades particulares de cada uno. Y el pueblo de Dios pasó la prueba con honores. Obedecieron, tocaron las trompetas, y milagrosamente, los muros cayeron.

Aplicación personal

El libro de Josué enseña que cuando se trata de luchar en las batallas de la vida y obtener una victoria espiritual, la bendición se produce a través de la obediencia a los mandatos de Dios. Para usted esto significa vivir la vida con fe siguiendo la dirección del Señor. La fe activa no requiere que entienda todo lo que Dios está haciendo en su vida. No es necesario que entienda. Solo necesita obedecer y después recoger las bendiciones de esa obediencia. Dios exigió que el pueblo intentara lo imposible, y parecía una idea estúpida. Humanamente hablando, caminar alrededor de una ciudad fortificada y hacer sonar las trompetas no surte ningún efecto. Pero en el ámbito de Dios, lo imposible se convirtió en posible, e Israel obtuvo la victoria, la victoria de Dios. Y así como Él prometió a los israelitas la victoria, también prometió que usted vencería. Y al igual que aquellos, debe seguir las condiciones de Dios. Confíe en Él. Intente lo imposible sometiéndose a la dirección de Dios y observe cómo los muros de lo que parece un problema se derrumban milagrosamente.

Lecciones para la vida en Josué

- ▶ La fe es un requisito para el servicio.
- ▶ Servir a otros lo prepara para liderar a otros.
- ▶ La victoria se produce cuando se permite que Dios pelee nuestras batallas.
- ▶ La guía de Dios para la vida diaria procede de su Palabra: la Biblia.
- ▶ A veces uno debe defender sus creencias.
- ▶ Vivir para Dios requiere obediencia continua.

Dónde encontrarlo

El lugar de Rahab en la historia de la Biblia

El valor de Rahab...

 estaba inspirado en su fe en la habilidad de Dios para proveer.

La fe de Rahab...

 hizo que fuera una de las dos mujeres (Rahab y Sara) que aparecen
 en la lista de los héroes de la fe en Hebreos 11.

Los descendientes de Rahab...

 incluyen a David y más tarde a Jesús.

Jueces

Entonces clamaron los hijos de Israel a Jehová;
y Jehová levantó un libertador...
(3:9)

☙

Tema: Liberación
Fecha: Alrededor del 1043 a.C.
Autor: Samuel
Lugar: Canaán

Jueces comienza con los últimos días de la vida del líder del pueblo de Dios, Josué, y hace un repaso de su muerte (ver Jos. 24:28-31). Jueces es una secuela trágica del libro de Josué. En Josué, las personas fueron obedientes a Dios y disfrutaron de la victoria de la conquista de la tierra. Sin embargo, en Jueces, son desobedientes, idólatras y a menudo son vencidos y oprimidos.

Como los anteriores libros históricos, Jueces presenta hechos históricos, pero de una forma selectiva y temática. Ante todo, en sus temas, está el poder de Dios y su misericordia al liberar a los israelitas de las consecuencias de sus fracasos, que sufrieron debido a su comportamiento pecaminoso (ver 2:18-19; 21:25).

El libro lleva el adecuado nombre de *Jueces*, que hace referencia a los 12 líderes especiales que Dios levantó para liberar a su pueblo cuando estaban oprimidos debido a su desobediencia.

Esquema

▶ **Capítulos 1–2**   *El fracaso militar de Israel*

El libro de Jueces comienza con un breve periodo de éxito militar después de la muerte de Josué. El éxito de Israel pronto se transforma en una serie repetida de fracasos de todas las tribus en sus intentos de expulsar a los enemigos. En lugar de eliminar a los impíos habitantes de la tierra, las tribus hacen concesiones espirituales. Por lo tanto, Dios anuncia el castigo y permite que las naciones impías sigan permaneciendo en la tierra como prueba para Israel.

▶ **Capítulos 3–16**   *El rescate de Israel por medio de los jueces*

El pueblo de Israel pasa por una serie de ciclos que incluyen una secuencia de cuatro partes:

1. Israel se separa de Dios.
2. Dios castiga a Israel permitiendo la derrota militar y la opresión.
3. Israel ora por la liberación.
4. Dios levanta jueces, ya sean campeones civiles o militares, que llevan hacia la derrota a los opresores.

Después de esto, el pueblo recae en la idolatría, lo cual hace que se repita el ciclo.

▶ **Capítulos 17–21**   *El fracaso moral de Israel*

En realidad, el contenido de esta sección es en su mayor parte anterior a la información que aparece en los capítulos 3—16, pero como el libro de Jueces tiene un enfoque temático, el autor quiere terminar con dos ejemplos curiosos, uno que muestra la apostasía religiosa (17—18), y otro que describe la depravación moral y social (19—21). El último versículo de Jueces (21:25) ofrece la clave para entender este periodo de la historia de Israel: "En estos días no había rey en Israel; cada uno hacía lo que bien le parecía".

Mensaje principal

El libro de Jueces describe siete ciclos en los que Israel se aleja del Señor, que comienzan incluso antes de la muerte de Josué, y después llegan completamente a la apostasía. Estos ciclos de apostasía y liberación se extienden por toda la tierra, como atestigua el hecho de que cada área sea identificada específicamente:

Sur (3:7-31)   Este (10:6—12:15)
Norte (4:1—5:31)   Oeste (13:1—16:31)
Centro (6:1—10:5)

Incluso con la extensión general de la idolatría, la inmoralidad y la violencia en Israel, Dios fue siempre fiel a la hora de liberar a su pueblo. Con amor misericordioso hacia ellos, Dios continuó perdonándolos cada vez que acudían a Él.

Aplicación personal

¿Cuántas veces se puede decir de usted que "hace lo que bien le parece"? Es fácil actuar de forma absurda, ingrata, testaruda y rebelde, y después preguntarse por qué su vida está llena de derrota y sufrimiento. El Dios de Jueces es el mismo Dios de hoy. Y como entonces, cuando usted acude a Él arrepentido, Él fielmente se acerca para perdonarlo y liberarlo. ¿Vive derrotado espiritualmente? Pida ayuda a Dios. Él está preparado para enviarle la liberación.

Lecciones para la vida en Jueces

▶ No se comprometa con el mundo, esto conduce a la derrota.

▶ No peque, esto trae como consecuencia el sufrimiento.

▶ No espere hasta estar sin esperanza para buscar la ayuda de Dios.

▶ No haga lo que bien le parece, haga lo que le parece bien a Dios.

Dónde encontrarlo

Los jueces *versus* Sus enemigos

Otoniel	Los mesopotámicos
Aod	Los moabitas y los amonitas
Samgar	Los filisteos
Débora	Los cananeos
Gedeón	Los madianitas
Tola y Jair	El malvado Abimelec
Jefté, Ibzán, Elón, Abdón	Los amonitas
Sansón	Los filisteos

La vida de Sansón

- Dedicado a Dios como nazareo
- Sus padres hablaron con Dios dos veces
- Utilizó su gran fuerza para liberar a Israel
- Lo controlaba la sensualidad
- Rompió sus votos muchas veces
- Utilizó sus habilidades con propósitos egoístas
- Puso su confianza en las personas equivocadas
- Fue utilizado por Dios a pesar de sus errores
- Nombrado en la lista de héroes de la fe de Hebreos 11

Rut

...Tu pueblo será mi pueblo,
y tu Dios mi Dios.
(1:16)

Tema: Redención
Fecha: 1030-1010 a.C.
Autor: Desconocido/posiblemente Samuel
Lugar: Moab y Belén

Rut se desarrolla durante los días de oscuridad espiritual de la época de Jueces. Este libro es la historia de una mujer (llamada Rut) que vive durante este malvado periodo de la historia de Israel, pero que no sucumbe a su decaimiento moral. El relato de Rut es una historia de integridad, rectitud y fidelidad, que ocupa unos 11-12 años. Ella y Ester son las únicas mujeres que tienen libros en la Biblia que lleven su nombre.

Esquema

▶ **Capítulo 1**   *La fidelidad de Rut*

La historia de Rut comienza con una grave hambruna en la tierra de Israel, incluso en la ciudad de Belén. Esta hambruna obliga a un israelita llamado Elimelec a llevar a su esposa, Noemí, y a sus dos hijos a Moab, un país en el Este. Mientras vivían allí, los dos hijos se casan con mujeres moabitas, pero luego mueren, y su padre, también. Ahora que está sola, Noemí decide regresar a su tierra natal y sugiere a sus dos nueras, Rut y Orfa, que se queden en su propia tierra, con su pueblo y sus parientes. Orfa escoge quedarse y nunca más se sabe de ella. Sin embargo, Rut elige permanecer con Noemí y seguir al Dios de Israel. Debido a su deseo de ser fiel a Noemí, Rut abandona sus dioses, su cultura y su pueblo.

▶ Capítulo 2   *El servicio de Rut*

Noemí regresa a Belén amargada, pensando que Dios es su enemigo debido a las pérdidas que ha sufrido. Pero Él tiene planes que ella desconoce, que empiezan a desvelarse cuando Rut se ofrece para ir a los campos que hay alrededor de Belén y recoger las espigas que dejan los segadores. Se permitía esta recogida para proporcionar comida a los pobres de la tierra. Siguiendo el plan y la providencia de Dios, Rut entra en el campo de un hombre llamado Booz, un pariente de Noemí. Booz había oído hablar de la fidelidad de Rut hacia su pariente Noemí y les da instrucciones a los trabajadores para que dejen espigas en el campo y así proporcionar alimento para ella y para Noemí.

▶ Capítulo 3   *La proposición de Rut*

Durante varios meses y en distintas cosechas, Rut trabaja gustosamente en los campos de Booz para conseguir alimento para Noemí y para ella. Pero ahora llega el momento de que Noemí recompense la amabilidad de Rut y se ocupe de su futuro. Idea un plan para forzar a Booz a tomar una decisión más seria respecto a Rut. Ella es instruida por Noemí para que, siguiendo una antigua y habitual costumbre del Cercano Oriente, pida a Booz que se case con ella para ocupar el lugar del esposo muerto, ya que él es un pariente cercano (ver el principio de matrimonio por levirato de Dt. 25:5-6). Todo esto sucede una noche en una era durante la siega.

La proposición de Rut es aceptada cuando Booz le coloca un manto por encima. (Este acto simbólico también aparece en Ez. 16:8, cuando Jehová extiende su manto sobre Israel). Aunque Rut duerme a los pies de Booz toda la noche, no hay indicio de que esto sea un comportamiento inadecuado.

▶ Capítulo 4   *La recompensa de Rut*

Booz accede a casarse con Rut como pariente cercano, pero a la mañana siguiente comenta que debe preguntar primero a un pariente más cercano aún, para ver si el hombre quiere cumplir con la costumbre del levirato. En el capítulo final, vemos que Booz acude a los ancianos del lugar, y con ellos de testigos, pregunta al pariente más cercano de Rut. El hombre declina la oferta y permite así que Booz y

Rut se casen. Dios bendice la fiel devoción de esta mujer dándole un esposo, Booz, y un hijo, Obed, que más tarde será el abuelo del famoso futuro rey de Israel: David.

Mensaje principal

El libro de Rut proporciona mucho ánimo, ya que Dios ofrece un ejemplo de comportamiento piadoso en medio de la extendida impiedad durante el tiempo de los jueces. La fidelidad de Rut en seguir al Dios de Israel la lleva a obtener grandes bendiciones no solo para ella, sino también para Noemí, para Booz y finalmente para el mundo, ya que ella ocupa su lugar en la línea familiar de Jesucristo.

Aplicación personal

Además de comprobar la fidelidad de Rut hacia el Dios de Israel y hacia Noemí, también vemos la integridad personal y la fe de Booz en acción. Booz se convierte en un redentor de los suyos, o en un pariente cercano que en esencia redime a Rut, la gentil, y le da un hogar. Su unión produce un hijo, cuyo nieto será David, y cuyo descendiente final será Jesucristo. El libro de Rut nos ofrece una analogía importante de la obra de Cristo. Como Booz, Jesús tiene relación con nosotros por su nacimiento físico, capaz de pagar el precio de la redención, deseoso de redimir y preparado para hacerlo. Y como Rut, usted debe escoger aceptar la redención y dejar el asunto en manos de Jesús, que hace de la redención una realidad. No sea como la cuñada de Rut, que escogió regresar a sus dioses paganos y se perdió para siempre. Venga a Jesús —su Redentor— y viva para siempre.

Lecciones para la vida en Rut

▶ Lo que usted cree que es una tragedia es la oportunidad de Dios de mostrarse fiel.

▶ Su abundancia es una oportunidad de ayudar a los menos afortunados.

▶ Dios valora la fidelidad.

▶ La integridad es una cualidad noble que Dios estima.

▶ Las circunstancias adversas le ofrecen la oportunidad de mostrar un carácter piadoso.

Dónde encontrarlo

Booz
Retrato de un hombre piadoso

Diligente	Rut 2:1	Generoso	Rut 2:15
Amistoso	Rut 2:4, 8	Amable	Rut 2:20
Misericordioso	Rut 2:7	Discreto	Rut 3:14
Piadoso	Rut 2:12	Fiel	Rut 4:1-9
Alentador	Rut 2:12; 3:11		

1 Samuel

...obedecer es mejor que los sacrificios...
(15:22)

Tema: Transición
Fecha: 930-722 a.C.
Autor: Desconocido
Lugar: La problemática nación de Israel

El libro que precede a 1 Samuel —Rut— es, sin duda, un punto de luz en una tierra de oscuridad y una historia de amor con muchos finales felices. Ahora llegamos a una época de transición en la historia del pueblo de Dios con tres conjuntos de "dobles":

1 y 2 Samuel,
1 y 2 Reyes, y
1 y 2 Crónicas.

Se han escrito muchos libros sobre la historia de grandes naciones. Muchos de sus títulos empiezan con la frase *Auge y caída de...* Los libros de 1 y 2 Samuel, junto con los otros dos "dobles", forman su propio libro de historia, que podríamos titular *Auge y caída de la monarquía israelita.*

Originalmente, 1 y 2 Samuel eran un único libro en la Biblia hebrea, pero traducciones posteriores los separaron en los dos libros actuales. Primero Samuel lleva este nombre por el primero de los tres personajes más destacados: Samuel, Saúl y David, interrelacionados en su contenido.

Esquema

▶ **Capítulos 1–7** *Samuel*

La historia de la vida de Samuel comienza cuando el periodo de los jueces está llegando a su fin. Elí, el actual juez-sacerdote de Israel, tiene su residencia en Silo, donde está colocado el tabernáculo. La madre de Samuel, Ana, es presentada como una mujer estéril que ora a Dios y promete que si Él le da un hijo, ella lo dedicará para el servicio de Dios todos los días de su vida. Él responde a la oración de Ana y le da a Samuel, el cual crece para juzgar fielmente a Israel. Cuando Samuel es anciano, los israelitas, queriendo ser como las naciones de los alrededores, piden ingenuamente un rey. Por desdicha, una de las razones por las que quieren un rey es que los hijos de Samuel no son adecuados para ocupar el puesto de juez de su padre.

▶ **Capítulos 8–15** *Saúl*

Dios concede al pueblo lo que solicitan, y su primer rey, Saúl, es ungido. Saúl empieza bien, pero sus buenas cualidades comienzan a erosionarse cuando pasa de las presiones de ser rey a liderar a su pueblo en la batalla. Al principio del reinado de Saúl, Samuel le dice que espere a su llegada para realizar un sacrificio ritual. Pero en medio de las presiones por la batalla y motivado por su orgullo e impaciencia, él ofrece el sacrificio sin esperar a Samuel. Cuando este aparece, le dice al rey: "Locamente has hecho" (ver 13:13).

Mas tarde, Saúl invoca un precipitado compromiso de sus hombres con referencia a la comida justo antes de salir a otra batalla. Después desobedece el mandato de Dios de destruir a los amalecitas, a los cuales ya había vencido. Finalmente y de forma trágica, cerca de sus 40 años de reinado, rechazado por Dios y temeroso ante una batalla inminente contra los filisteos, con insensatez consulta a una adivina o bruja buscando consejo (ver cap. 28). La sentencia de Saúl es pronunciada, y él y sus hijos mueren al día siguiente en la batalla.

▶ **Capítulos 16–31** *David*

Recordemos nuevamente que a lo largo de este libro se tratan las vidas de Samuel, Saúl y David. Aunque Saúl todavía está reinando, no existe ninguna duda de que el foco de atención ahora cambia hacia David. Su historia comienza cuando Saúl es rechazado por Dios debido a su desobediencia. A Samuel se le encomienda la misión de ungir a David, el siguiente rey de Israel. La presencia de Dios con David se hace más patente cuando este mata al gigante filisteo Goliat, gana muchas batallas y se hace amigo incondicional de Jonatán, el hijo mayor de Saúl.

David se convierte en una amenaza creciente para el obsesivamente celoso Saúl. Al principio David está protegido por Jonatán, Mical (la hija de Saúl y esposa de David) y Samuel. Pero Saúl cada vez persigue más a David. Finalmente, este huye y acaba en una ciudad filistea, donde finge estar loco para poder salvar su vida. Después se escapa de nuevo hacia un escondite secreto, donde un grupo de hombres valientes lo protege. David continúa alejándose de las amenazadoras manos de Saúl y, en dos ocasiones, le perdona la vida porque no es capaz de matar al rey de Israel, aunque este intenta matarlo a él. David sigue eludiendo a Saúl hasta que este y sus hijos mueren en una gran batalla contra los filisteos.

Mensaje principal

Samuel ofrece un gran ejemplo de cómo un hombre puede hacer su transición en la vida. Iba a ser el último de los jueces. Aunque Samuel fue un hombre íntegro toda su vida, el pueblo rechazó su oferta de que sus hijos los lideraran y, en su lugar, pidieron un rey para poder ser más parecidos a las naciones de los alrededores. Incluso con el rechazo de sus corruptos hijos, Samuel incondicionalmente se comprometió a orar por su pueblo. A pesar de los cambios adversos que le suceden a Samuel y a los que lo rodean, él nunca deja de ser fiel a Dios o al pueblo de Dios.

Ahora contrastemos la vida de Samuel con la del rey Saúl. La transición de Saúl de persona normal a rey está marcada por el orgullo, el engaño y cada vez más por un corazón sin arrepentimiento. Empieza bien, pero en algún momento de su vida, decide no seguir los mandatos de Dios y escoge trazar su propio camino. Al final la elección de Saúl le cuesta su propia vida y la de sus hijos, y pone a la nación en gran peligro.

Durante mucho tiempo, Samuel pudo hacer los reajustes necesarios para continuar siendo útil a Dios y a su pueblo. Desdichadamente, el rey Saúl no fue capaz de realizar la transición. El orgullo y la arrogancia provocaron su derrota.

Aplicación personal

Las transiciones son una parte crítica en la vida de las personas. Pasamos de una habilidad aprendida o desarrollada a otra, de un ascenso a otro. La escuela nos proporciona los medios para trabajar, y el trabajo nos proporciona los medios para el retiro. Todos pasamos de una etapa de la vida a la siguiente. Y al final pasamos de la vida a la muerte.

Sea consciente de ello o no, su vida cambia constantemente. Por lo tanto, debe reconocer lo importante que es hacer bien las transiciones, aunque estas en sí no son críticas, sino que nuestra manera de responder a los cambios que se nos presentan lo es. Algunas personas no manejan bien los cambios. Se hacen pedazos cuando tienen que enfrentarse a una nueva etapa de la vida. No saben cómo manejar las nuevas responsabilidades o enfrentarse al hecho de tener menos de las que tenían.

¿Cómo puede asegurarse de que su vida y sus actitudes honran a Dios con cada cambio que se presenta? Como Samuel, permanezca fiel y cerca de Dios mediante la oración y el estudio de su Palabra. Así cuando se presente un momento de transición, estará preparado para hacer uso de la fuerza de Dios y honrarlo con sus piadosas actitudes y acciones, y no dejará nunca de servir a los demás.

Lecciones para la vida en 1 Samuel

▶ Caminar cerca de Dios le ayudará a manejar mejor las transiciones.

▶ Su fiel servicio será recompensado, al menos ante los ojos de Dios.

▶ Dios quiere que usted se comprometa interiormente y no que se limite a la práctica externa.

▶ No importa cómo se empieza, ¡lo importante es cómo se termina!

Dónde encontrarlo

¿Por qué Samuel es el hombre más influyente de su época?

- Estaba completamente dedicado a Dios.
- Estaba totalmente comprometido con el pueblo de Dios.
- Era completamente honesto con las personas.
- Se compadecía completamente de las personas.

2 Samuel

Y será afirmada tu casa
y tu reino para siempre....
(7:16)

Tema: Unificación
Fecha: 931-722 a.C.
Autor: Desconocido
Lugar: Reino unido de Israel

Segundo Samuel empieza donde termina 1 Samuel. Saúl ya se ha ido, así que el pueblo de Judá, la tribu ancestral de David, declara rey a este, mientras que las tribus del norte reconocen como rey al hijo más joven de Saúl. David gobierna sobre Hebrón durante siete años y medio antes de que todo Israel lo reconozca finalmente como rey. Después reina en Jerusalén durante 33 años. Segundo Samuel repasa los sucesos clave de los 40 años de reinado de David. Como 1 Samuel, el libro se puede dividir en tres partes principales, mientras que el capítulo 11 es el que marca el punto de inflexión en la vida y el éxito de David.

Esquema

▸ **Capítulos 1–10** *El éxito de David*

Bajo el liderazgo de David, las tribus del norte y del sur de Israel están unidas. El éxito de este hombre —tanto militar como doméstico— es sobresaliente. Bajo su liderazgo, la nación pasa de la independencia tribal al gobierno centralizado. Captura la ciudad de Jerusalén y hace de ella la capital.

David, un hombre conforme al corazón de Dios, muestra misericordia con la familia de Saúl y gobierna con justicia e imparcialidad. También trae a Jerusalén el arca que fue construida en el monte Sinaí y desea edificar un templo permanente como lugar para depositar el arca. Dios responde confirmando el pacto que había hecho inicialmente con Abraham y le asegura a David que uno de sus descendientes siempre reinará en su trono. Este pacto se lleva a cabo con el hijo lejano de David, el Señor Jesucristo.

▶ **Capítulo 11**   *El pecado de David*

David sabe que el Señor es responsable de su éxito. Se da cuenta de que Dios quiere bendecir a su pueblo escogido, Israel. No obstante, cuando está en el punto más alto de su influencia, abandona sus principios y comete adulterio con una mujer llamada Betsabé. Cuando ella comunica a David que está esperando un hijo, él intenta cubrir su pecado y, en el proceso, planea la muerte del esposo de Betsabé, Urías, uno de los fieles soldados de David. Tras un periodo de luto, David toma como esposa a Betsabé, y ella da a luz un hijo. No es necesario decir que Dios no está complacido. Desde ese momento en adelante, David experimentará continuas dificultades tanto con su familia como con la nación.

▶ **Capítulos 12–20**   *Las dificultades de David*

Dios se enfrenta a David por su pecado con Betsabé y el asesinato de Urías. Natán se aproxima al rey para contarle una historia sobre un hombre que solo tenía una cordera que le fue arrebatada por otro que poseía muchos corderos. David con rectitud condena la acción del hombre que robó la cordera. En ese momento, el profeta declara: "Tú eres aquel hombre".

David confiesa por fin, pero las consecuencias de su pecado serán importantes y trágicas. El hijo concebido con Betsabé muere. Su hijo Amnón comete incesto con su media hermana Tamar. Absalón, el hermano de Tamar, mata a Amnón y huye para salvar su vida. Más tarde a Absalón se le permite regresar, pero pronto planea derrocar a su padre David. Absalón casi tiene éxito, pero cae muerto en una batalla decisiva. La guerra civil continúa cuando un hombre llamado Seba se subleva con las tribus del norte, pero él también muere, y se evitan nuevos intentos.

▶ **Capítulos 21–24**   *Reflexiones de David*

Estos capítulos describen categóricamente las palabras y las obras de David. Muestran cómo, al final, la condición moral y espiritual del rey afecta al estado físico y espiritual del pueblo. La nación de Israel disfruta las bendiciones de Dios cuando David es obediente y sufre dificultades cuando David desobedece a Dios.

Mensaje principal

A pesar de sus debilidades, David siguió siendo un hombre conforme al corazón de Dios. ¿Por qué? Es obvio que no es porque viviera sin pecar. ¡Muy por el contrario! A menudo fracasó en su vida personal, pero nunca flaqueó en su deseo de tener una relación continua con Dios. David era el hombre de Dios porque respondía y era fiel a Él. Después de haber pecado, se dio cuenta de que necesitaba solucionar las cosas con Dios arrepintiéndose de corazón. Desdichadamente, su arrepentimiento no podía reparar el daño causado por su pecado. Sí, fue perdonado. Y sí, su relación con Dios fue restaurada. Pero la lista de aquellos que sufrieron por culpa de los pecados de David es larga y trágica.

Aplicación personal

¿Desea ser un hombre o una mujer conforme al corazón de Dios? Tiene que darse cuenta de que Él no está buscando la perfección porque "...todos pecaron, y están destituidos de la gloria de Dios" (Ro. 3:23). Usted, como cualquier hombre o mujer de Dios, no carece de culpa, sin embargo está progresando. Afortunadamente, usted ama a Dios de todo corazón; incluso aunque dude y caiga algunas veces, está dispuesto a pedirle en seguida perdón.

En la vida de David, se puede ver actuar la gracia de Dios. Él perdona a sus hijos pecadores. Puede darle gracias por su misericordia cuando usted peca. Pero la vida de David también ofrece una visión seria de cómo actúa el pecado. Del sufrimiento de este rey, se aprende que el pecado nunca se comete en el vacío. Nuestro pecado siempre afecta a otras personas. Pida a Dios fuerza para que le ayude a resistir el pecado para que este no afecte su relación con Dios ni otros tengan que soportar sus consecuencias.

Lecciones para la vida en 2 Samuel

▶ Las bendiciones llegan a nosotros y a los que nos rodean cuando somos obedientes a los mandamientos de Dios.

▶ Al contrario, las acciones pecadoras siempre traen consecuencias.

▶ Su papel como padre es un trabajo a tiempo completo y no debe ser descuidado ni delegado en otros.

▶ El arrepentimiento restablece su relación con Dios.

Dónde encontrarlo

La vida de David

David fue...

• Un ancestro de Jesucristo

• El que mató al gigante Goliat cuando era adolescente

• El poseedor de un corazón arrepentido

• La causa de que su familia sufriera debido a su pecado

• El rey más grande de Israel

---

1 Reyes

...Por cuanto... no has guardado
mi pacto y mis estatutos...
romperé de ti el reino...
(11:11)

Tema: Ruptura
Fecha: 561-538 a.C.
Autor: Desconocido
Lugar: Israel

La historia de 1 y 2 Reyes es básicamente una historia de fracaso. La pequeña nación de Israel había conseguido dominar en su región porque Dios la había bendecido. Pero cuanto mayor era su riqueza e influencia, más caía el pueblo en la pobreza y en la parálisis por alejarse de Dios.

Esquema

▶ **Capítulos 1–11**   *Salomón y el reino unido*

Los primeros capítulos describen el glorioso reinado del hijo del rey David: Salomón. Dios había rechazado la oferta y el deseo de David de edificarle una casa y pasó ese privilegio a Salomón. Las guerras de David habían despejado el camino para su hijo, quien erige el templo con materiales que su padre ya había preparado y recogido. El arca del pacto se coloca en el nuevo templo, y la gloria de Dios lo llena.

Salomón ora y pide a Dios sabiduría, y se convierte en el hombre más sabio y más rico del momento. Sin embargo, sus muchas esposas extranjeras hacen que su corazón se vuelva contra Dios. Por eso, Él pronuncia su juicio y declara que el hijo de Salomón gobernará solo una parte del reino.

▶ **Capítulos 12–22**   *Los reyes y el reino dividido*

Tras la muerte de Salomón, su hijo, Roboam, se pone en contra de las diez tribus del norte, lo cual trae como consecuencia la división del reino. Como se predijo en la advertencia de Dios a Salomón, Roboam se queda con dos tribus: Judá y Benjamín. Jeroboam, un oficial del ejército de Salomón, lidera la revuelta y es hecho rey de las tribus del norte. Esto inicia un periodo caótico con dos naciones, dos grupos de reyes, dos religiones y dos lugares donde adorar. El libro de 1 Reyes cuenta los dos reinados de forma paralela. De todos los reyes, los del norte y los del sur, solo unos pocos del sur hicieron lo que era correcto a los ojos del Señor. Todos los demás fueron malvados idólatras y asesinos.

El profeta Elías ejerce su ministerio durante el reinado de Acab, un rey del norte excepcionalmente malvado. La esposa de Acab, Jezabel, introduce la adoración a Baal en el reino. Elías se enfrenta a Acab y a los profetas de Baal en el monte Carmelo, donde Dios milagrosamente envía fuego y consume un sacrificio que había sido empapado de agua por el profeta. Elías continúa hasta matar a 450 profetas de Baal que estaban presentes en el monte Carmelo.

Después coloca el manto sobre un joven llamado Eliseo y lo designa como su sustituto y sucesor. Eliseo también sigue condenando a Acab por su maldad hasta que este muere en una batalla.

Mensaje principal

Justo antes de morir, David encarga a su hijo Salomón: "Guarda los preceptos de Jehová tu Dios, andando en sus caminos, y observando sus estatutos y mandamientos, sus decretos y sus testimonios…" (1 R. 2:3). Esto hizo Salomón y, como ya sabemos, cuando se le dio a elegir entre riqueza, larga vida o sabiduría, humildemente pidió sabiduría. En consecuencia, su reinado empezó con un gran éxito. Desdichadamente, Salomón permitió que sus muchas mujeres paganas volvieran su corazón en contra de Dios. Así el hombre más sabio de la tierra se convirtió en un necio.

Roboam sucedió a su padre Salomón y tuvo la oportunidad de ser un rey sabio, compasivo y justo. En lugar de eso, aceptó el poco iluminado consejo de sus jóvenes amigos y no el de sus sabios consejeros ancianos, lo cual trajo como consecuencia la división del reino.

Aplicación personal

Qué irónico resulta que el hijo del hombre más sabio de la tierra no aceptara o no quisiese aceptar el consejo de los muchos proverbios de su padre que hablan de la importancia de buscar, escuchar y seguir el consejo de los buenos consejeros (Pr. 11:14; 15:22; 24:6). Quizá Roboam observó la locura de los últimos años de la vida de su padre y no quiso tener nada que ver con la sabiduría de sus primeros años. Cualquiera que sea la razón, Roboam escuchó a sus amigos y no a los consejeros sabios. Y tuvo consecuencias desastrosas.

Dios le ha proporcionado a usted muchas maneras de conseguir sabiduría para las distintas decisiones que tiene que tomar diariamente en su vida. Resista su inclinación humana a rechazar ayuda e intentar hacer las cosas a su manera. Tiene a su disposición la Biblia, la guía del Espíritu Santo, los líderes de la iglesia, y la sabiduría de hombres y mujeres mayores para ayudarle a tomar decisiones. No pase por alto estos importantes recursos, porque pueden ayudarle a asegurarse de que sus decisiones honran a Dios y bendicen a los demás.

Lecciones para la vida en 1 Reyes

▶ Dios le ha dado la dirección de su vida, utilícela sabiamente.

▶ La obediencia a Dios traerá bendiciones para usted y para los demás.

▶ La sabiduría no garantiza que usted no vaya a actuar de forma imprudente.

▶ Cuidado con lo mundano, puede hacer que su corazón se aleje de Dios.

▶ No deje que sus deseos personales distorsionen los criterios establecidos por la Palabra de Dios.

▶ A menos que sirva a Dios, se convertirá en esclavo de cualquier cosa con la que lo reemplace.

▶ Ore desinteresadamente por aquello que puede ayudar a los demás.

Dónde encontrarlo

Milagros realizados por Elías

Milagros de Elías

- Multiplicar la comida de una viuda
- Resucitar al hijo de una viuda
- Invocar el fuego de Dios sobre un altar y su sacrificio
- Invocar el fuego sobre unos soldados malvados
- Dividir el río Jordán

2 Reyes

...También quitaré de mi presencia a Judá,
como quité a Israel, y desecharé a esta ciudad
que había escogido, a Jerusalén...
(23:27)

☖

Tema: Dispersión
Fecha: 561-538 a.C.
Autor: Desconocido
Lugar: Reinos de Israel y Judá divididos

En 2 Reyes se continúa sin interrupción la historia de los reinos de Israel y Judá. Ambos se lanzan de cabeza hacia el desastre con cautiverio incluido cuando la gloria de lo que un día fue un reino unido empieza a desvanecerse en el pasado lejano. Cuando el fin llega, con las tribus del norte que caen bajo la cautividad de Asiria y las del sur que son deportadas a Babilonia, se describen nueve dinastías diferentes para el reino del norte, Israel. Pero, como se le prometió a David, solo hay una dinastía en Judá.

Esquema

▶ **Capítulos 1–17** *Los reinos divididos*

Estos capítulos recogen la continua espiral hacia abajo de los reinos del norte y el sur. Todos los reyes del reino del norte son presentados como viles y malvados. Incluso los milagros de Elías y su sucesor, Eliseo, surten poco efecto. De los 19 reyes de Israel, ninguno hizo lo bueno ante los ojos de Dios. Finalmente, el Señor dijo basta y envió a los ejércitos asirios contra Israel. Sitiaron Samaria, la capital, derrotaron a la nación y deportaron a los sobrevivientes a Asiria.

Entretanto, la situación en el reino del sur, Judá, es algo mejor, pero en absoluto ideal. Atalía, la hija del rey Acab y Jezabel, sigue los malvados pasos de su madre y mata a los descendientes de David, excepto a Joás. Después usurpa el trono. Luego, según la promesa de Dios de que siempre habría un descendiente de David sentado en su trono, el sacerdote, Joiada, acaba eliminando a Atalía y colocando al joven Joás en el poder. Este restaura el templo y sirve a Dios.

▸ **Capítulos 18–25** *El reino sobreviviente*

El relato de Judá, el reino sobreviviente, se lee con más facilidad que los relatos sobre lo reinos divididos. Ya no hay alternancia narrativa entre los dos reinos. Solo queda Judá. Seis años antes del derrocamiento de Samaria, Ezequías se convierte en su rey. Gracias a la fe ejemplar de Ezequías y a sus reformas, Dios libra a Jerusalén de Asiria y trae gran prosperidad a Judá.

Sin embargo, el hijo de Ezequías, Manasés, es tan malvado y su reinado tan largo que la ruina de Judá es inminente. Incluso las reformas posteriores de Josías no pueden detener la corriente de maldad, y los cuatro reyes que le suceden son tan malvados como Manasés.

El libro de 2 Reyes termina con el castigo que llega en forma de tres deportaciones al exilio a Babilonia, la tercera sucede en 586 a.C., cuando Nabucodonosor destruye Jerusalén y el templo. Incluso con su destrucción, el libro termina con una nota de esperanza cuando Dios preserva un remanente del pueblo para sí.

Mensaje principal

Aunque 1 y 2 Reyes son dos libros separados en las Biblias de hoy día, originalmente fueron uno solo y comparten el mismo tema: cuando los reyes siguen el pacto de Dios, ellos y su pueblo prosperan; pero cuando los reyes se niegan a obedecer a Dios, tienen que enfrentarse al castigo. El declive y derrumbe de los dos reinos se produce debido a la incapacidad de los dirigentes y del pueblo para prestar atención a las advertencias de los mensajes proféticos de Dios. En Reyes se ve a Dios como el controlador de la historia, y el clima espiritual de los reinos determina sus condiciones políticas y económicas. Por la incredulidad y la desobediencia de los reinos del norte y el sur, Dios permite a los asirios y a los babilonios que hagan prisionero a su pueblo y lo lleven al exilio.

Aplicación personal

A menudo en un día nacional de oración, el pastor cita 2 Crónicas 7:14: "Si se humillare mi pueblo, sobre el cual mi nombre es invocado, y oraren, y buscaren mi rostro, y se convirtieren de sus malos caminos; entonces yo oiré desde los cielos, y perdonaré sus pecados, y sanaré su tierra". Aunque esta escritura es una llamada para que Israel se arrepienta y regrese a su herencia santa, también le puede servir a usted como llamamiento. Al igual que Israel, usted es un claro ejemplo para los demás de la necesidad de obedecer a Dios.

En lugar de adoptar las formas de actuar de los impíos, deles la espalda y clame humildemente a Dios. Llene su corazón de contrición. Humíllese de buena gana y ore buscando su rostro, y apártese de cualquier práctica que no complazca al Señor. Este es el camino hacia el perdón y la bendición.

Lecciones para la vida en 2 Reyes

▶ Dios es paciente. Le da muchas oportunidades para hacer caso a su llamada de arrepentimiento y obediencia.

▶ Incluso cuando los que le rodeen sean desobedientes, debe ser obediente, porque usted es responsable de sus acciones.

▶ Un ídolo es cualquier idea, habilidad, posesión o persona a la que usted tenga en más alta consideración que a Dios.

▶ El orgullo y la arrogancia son señales seguras de que está yendo por el camino equivocado; un camino que lo conducirá a la destrucción.

Dónde encontrarlo

Elías transportado al cielo .... 2 Reyes 2:11-12

El ministerio de Eliseo .... 2 Reyes 2:13—6:23

La sombra del reloj retrocede .... 2 Reyes 20:8-11

La caída de Samaria .... 2 Reyes 17:5

La caída de Jerusalén .... 2 Reyes 25

Milagros realizados por Eliseo

Milagros de Eliseo

- Dividir el río Jordán...2 Reyes 2:13-14
- Purificar el agua de Jericó ....2 Reyes 2:19-22
- Multiplicar el aceite de una viuda ....2 Reyes 4:1-7
- Resucitar a un niño ....2 Reyes 4:18-37
- Purificar un potaje envenenado ....2 Reyes 4:38-41
- Multiplicar la comida de los profetas............................2 Reyes 4:42-44
- Curar la lepra de Naamán...2 Reyes 5:1-14
- Condenar a la lepra a Giezi..2 Reyes 5:15-27
- Hacer flotar un hacha...2 Reyes 6:1-7
- Cegar al ejército sirio...2 Reyes 6:8-23

Las tres deportaciones a Babilonia

605 a.C.   Daniel y otros jóvenes judíos de la nobleza son llevados a Babilonia para ser entrenados (Dn. 1:1-6).

597 a.C.   Ezequiel y otros son tomados como cautivos tras la derrota de Joaquín (2 R. 24).

586 a.C.   Jerusalén cae, y los últimos sobrevivientes son llevados a Babilonia (2 R. 25:8-11).

Reyes del reino norte de Israel

Jeroboam I	Jehú
Nadab	Joacaz
Baasa	Joás
Ela	Jeroboam II
Zimri	Zacarías
Tibni	Salum
Omri	Manahem
Acab	Pekaía
Ocozías	Peka
Joram	Oseas

Reyes del reino sur de Judá

Roboam	Jotam
Abiam	Acaz
Asa	Ezequías
Josafat	Manasés
Joram	Amón
Ocozías	Josías
Atalía (reina)	Joacaz
Joás	Joacim
Amasias	Joaquín
Uzías	Sedequías

1 Crónicas

Y entendió David que Jehová lo había confirmado
como rey sobre Israel, y que había exaltado
su reino sobre su pueblo Israel.
(14:2)

ॐ

Tema: Historia espiritual de Israel
Fecha: 450-430 a.c.
Autor: Esdras
Lugar: Israel después del cautiverio

Los libros 1 y 2 Crónicas originalmente eran un único libro en la Biblia hebrea. Fueron divididos al traducirse al griego, y la división continúa en las traducciones posteriores. En 1 Crónicas se abarca el mismo periodo de la historia de Israel que en 2 Samuel, pero con una diferencia. En 2 Samuel se ofrece una historia política de la dinastía davídica, mientras que 1 Crónicas es un relato de la historia religiosa.

Esquema

▶ **Capítulos 1–9** *Linaje real de David*

Estos nueve capítulos contienen la tabla genealógica más amplia de la Biblia. Los primeros cuatro capítulos trazan el árbol familiar de David desde Adán hasta Jacob, después a través de su dinastía durante los días gloriosos de la nación, y concluye ofreciendo una lista de sus descendientes que regresaron del cautiverio. Estos capítulos demuestran la fidelidad de Dios a las promesas de su pacto de mantener la línea davídica a lo largo de los siglos. Los cinco capítulos siguientes proporcionan la genealogía de la mayoría de las demás tribus de Israel.

▶ **Capítulos 10–29** *Reinado de David*

La vida de David se presenta aquí desde una perspectiva más positiva que en 2 Samuel. Crónicas omite completamente los problemas de David con Saúl, sus siete años de reinado en Hebrón, sus varias esposas y la rebelión de su hijo Absalón. La omisión más notable es su pecado con Betsabé. Como Crónicas está escrita por sacerdotes, el autor (o autores) resalta el profundo compromiso espiritual de David y su integridad. Crónicas una vez más repasa el pacto de Dios de establecer el trono de David y resalta la preocupación de este por las cosas del Señor, especialmente su deseo de edificar un templo para Dios. Aunque a David no se le permitió edificar el templo, pasa el resto del libro (caps. 22—29) haciendo preparativos para que su hijo Salomón construya el templo.

Mensaje principal

El libro anterior, 2 Reyes, termina con Israel y Judá en cautividad, un oscuro periodo en la historia de los judíos. Pero con el regreso del exilio de un remanente, el escritor (o escritores) de Crónicas quiere unificar a estos recién regresados resumiendo la historia espiritual de Israel, empezando desde el principio con Adán. Han pasado más de 70 años desde que el pueblo experimentó cualquier forma de unidad nacional. Si se le recuerda su herencia y las promesas que Dios le hizo como nación, puede alcanzar un mayor sentido de identidad y una visión de su destino.

Aplicación personal

Un repaso a la historia espiritual de Israel y a las eternas promesas de Dios es una razón importante para leer la Biblia. Su identidad en Cristo y las promesas de Dios sobre su destino eterno están en las Escrituras para que usted las lea una y otra vez. También, al igual que Dios fue fiel con su pueblo en el pasado sacándolo del cautiverio, puede confiar en que Él será fiel en el presente protegiéndolo y cuidándolo. Puede mirar hacia delante con confianza, sabiendo que Dios cuidará de usted y de todas las futuras generaciones de creyentes hasta su regreso.

Lecciones para la vida en 1 Crónicas

▶ Dios continúa llevando a cabo sus planes en la historia a través de su pueblo.

▶ Dios será fiel a sus promesas a pesar de su pasado irregular.

▶ Sus errores pasados proporcionan lecciones valiosas para su santidad presente.

▶ Dese cuenta de que Dios tiene un futuro para usted, así como tiene un futuro para Israel.

Dónde encontrarlo

Preparativos de David para edificar el templo

- 100.000 talentos de oro, aproximadamente 750 toneladas
- 1.000.000 talentos de plata, aproximadamente 37.500 toneladas
- Bronce y hierro sin medida
- Madera y piedra
- Obreros, albañiles, carpinteros y canteros en abundancia

2 Crónicas

Si se humilla mi pueblo, sobre el cual mi nombre
es invocado, y oran, y buscan mi rostro, y se convierten
de sus malos caminos; entonces yo oiré desde los cielos,
perdonaré sus pecados, y sanaré su tierra.
(7:14, RVR-95)

☗

Tema: Herencia espiritual de Israel
Fecha: 450-430 a.C.
Autor: Esdras
Lugar: Israel después del exilio

El libro de 2 Crónicas abarca gran parte del mismo periodo que 1 y 2 Reyes, y ofrece un editorial divino sobre la naturaleza espiritual de la dinastía davídica desde el tiempo del reino unido de Salomón, pasando por la deportación del reino de Judá, hasta llegar al decreto de Ciro, rey de Persia, para que los exiliados regresen a Jerusalén y reconstruyan el templo después de 70 años de exilio. Como esto es una crónica espiritual del linaje de David, se omiten completamente los reyes malvados del reino del norte y su historia.

Esquema

▶ **Capítulos 1–9** *La gloria de Salomón*

El principal centro de atención en 1 y 2 Crónicas es el templo. Por lo tanto, gran parte de la última mitad de 1 Crónicas se centra en los preparativos de materiales y de personal que David hace para edificar el templo y encargarse de él. En 2 Crónicas, seis de los nueve capítulos están dedicados a la construcción y dedicación del templo que hace Salomón.

▶ **Capítulos 10–36**   *El declive y exilio de Judá*

La gloria del templo de Salomón es breve. Poco después de la muerte de este rey, la nación se divide, y los dos reinos comienzan una espiral de declive espiritual y político. El reino de Judá, llamado así por su tribu más destacada, no solo debe luchar contra la idolatría y la apostasía interna, sino también contra la hostilidad externa del impío reino del norte y el poder ascendente de Asiria y Babilonia.

Esta sección es un comentario sacerdotal de los 20 reyes de Judá. Ocho de estos reyes fueron buenos y trajeron cierto nivel de avivamiento, pero los efectos de este nunca duraron más de una generación. Se observa a cada sucesivo rey según su relación con el templo como centro del culto y de la fortaleza espiritual. Cuando los reyes reinantes sirven a Dios, el reino es bendecido, pero cuando abandonan el templo y la adoración al Señor, la nación se quiebra por la guerra y la confusión.

Mensaje principal

Uno de los temas centrales de Crónicas es el recuerdo. El remanente de exiliados que regresa tiene que recordar el templo y el papel de la ley y del sacerdocio. Los dos libros de Crónicas traen a la memoria la pasada gloria de Israel y animan a los sobrevivientes a reconstruir su herencia. Estos dos libros son una lección de historia que trata de ayudar a la generación actual que regresa a recordar una lección muy importante: las razones del declive y la caída de la nación fueron la apostasía, la idolatría y el matrimonio con los vecinos paganos. Crónicas ha enseñado por lo menos una lección al pueblo, ya que no volvió a adorar ídolos.

Aplicación personal

Como Israel, usted ha sido colocado en esta tierra para representar a Dios. Pero, al igual que Israel, es fácil olvidar quiénes somos y correr ciegamente tras los ídolos de la riqueza, el prestigio y los placeres de la carne. Si hace de cualquier cosa una prioridad antes que Dios, usted está adorando esto y no al Señor, a pesar de lo que puedan decir sus labios. Llevó 70 años de exilio hacer que los judíos terminaran con el hábito de seguir a los ídolos de las naciones vecinas. No espere a que descienda sobre usted la mano del juicio de Dios; examine su corazón y aleje cualquier cosa que lo distraiga de tener un compromiso completo con Dios y de adorarlo.

Lecciones para la vida en 2 Crónicas

▶ La desobediencia siempre tiene consecuencias.

▶ Puede —y debe— aprender de los fracasos de los demás.

▶ El avivamiento de ayer debe ser renovado hoy.

▶ De la misma manera que el templo era el foco central de la alabanza para los santos del Antiguo Testamento, Cristo tiene que ser su centro hoy.

Dónde encontrarlo

Reyes que restauraron el templo:

Asa .... 2 Crónicas 14:1—16:14

Josafat .... 2 Crónicas 17:1—20:37

Joás .... 2 Crónicas 24:1-27

Ezequías .... 2 Crónicas 29—32

Josías .... 2 Crónicas 34—35

Avivamiento bajo el reinado de tres buenos reyes en Judá

Josafat: cuando la nación se enfrentaba a la destrucción, él animó al pueblo a comprometerse seriamente con Dios, y el desastre fue evitado (2 Cr. 20:1-30).

Ezequías: purificó el templo, destruyó los ídolos y trajo ofrendas a la casa de Dios (2 Cr. 19—31).

Josías: se comprometió a obedecer la Palabra de Dios y eliminó las influencias pecadoras de la tierra (2 Cr. 34—35).

Esdras

*...Y yo, fortalecido por la mano
de mi Dios sobre mí...*
(7:28)

Tema: Restauración
Fecha: 457-444 a.C.
Autor: Esdras
Lugar: Jerusalén

Esdras, el autor de 1 y 2 Crónicas, recoge la historia donde la deja 2 Crónicas y relata los sucesos de los dos regresos del exilio de un pequeño remanente de judíos. Como sacerdote, Esdras mantiene su papel de ofrecer una perspectiva sacerdotal y espiritual sobre los sucesos históricos de Judá. Además, cree que documentar la edificación del segundo templo podría ayudar a recordar el vínculo con el primero.

Esquema

▶ **Capítulos 1–6**   *El primer regreso con Zorobabel*

Como sacerdote y escriba, Esdras acude a una colección de documentos administrativos persas, a los cuales tiene acceso para describir el primer regreso a Jerusalén. El libro de Esdras comienza repitiendo el decreto de Ciro, rey de Persia, que aparece en 2 Crónicas, el cual permite que las personas regresen a Jerusalén. Esdras enumera las familias que vuelven voluntariamente, trazando el linaje pasado de Israel. Esta lista detallada ayudará a los exiliados en los años venideros a reestablecer sus raíces y proporciona una conexión unificadora con las generaciones anteriores.

Zorobabel, un descendiente directo del rey David, encabeza la lista como líder de los que regresan. Una vez que los exiliados llegan a Jerusalén, Zorobabel hace de restaurar el altar y las festividades religiosas su prioridad. Después supervisa los fundamentos del templo. Pero pronto surge la oposición, y la obra se paraliza durante 14 años. Incluso en medio del conflicto, los profetas Hageo y Zacarías exhortan al pueblo a volver a construir el templo. Zorobabel y Jesúa, el sumo sacerdote, dirigen la obra, y el segundo templo queda terminado cinco años más tarde. El templo es dedicado con una gran celebración: se restituyen los sacrificios, el pueblo y los sacerdotes se purifican, y la Pascua se vuelve a celebrar.

▶ **Capítulos 7–10**   *El segundo regreso con Esdras*

Aproximadamente 60 años después de que el templo fue reconstruido, otro rey de Persia, Artajerjes, hace un nuevo decreto para que más personas regresen. El rey autoriza a Esdras, sacerdote y maestro, a dirigir el grupo de regreso a Jerusalén. El rey y sus consejeros también incluyen en el decreto una oferta para que Esdras lleve consigo una gran cantidad de oro y plata para embellecer el templo. Antes de dejar Babilonia, Esdras y su pequeño grupo se detienen a orar y ayunar para pedir a Dios protección para el peligroso viaje de cuatro meses de duración.

Cuando el grupo llega a Jerusalén, Dios utiliza a Esdras, un habilidoso maestro, para renovar la espiritualidad y moralidad del pueblo. Cuando Esdras descubre que muchos se han casado con mujeres extranjeras, ofrece una oración pública y ruega a Dios por ellos. El pueblo responde rápidamente y se compromete a dejar marchar a sus esposas extranjeras y vivir de acuerdo a la ley de Dios. El libro termina con un gran avivamiento y cambio de vida.

Mensaje principal

Que Esdras tuviera documentos administrativos reales a mano para apoyar su obra en Jerusalén y en el templo trasmite un poderoso mensaje cuando va acompañado de la rotunda frase: "...fortalecido por la mano de mi Dios sobre mí..." (Esd. 7:6, 28). Los decretos, las proclamaciones, las cartas, las listas, las genealogías y los memorandos, muchos de ellos escritos por la administración persa, certifican la mano soberana de Dios sobre los dos regresos del pueblo a Jerusalén y la restauración de Israel. El principal mensaje del libro de Esdras es que Dios organizó todo lo que sucedió durante la amarga situación anterior (el cautiverio) y que continúa obrando a través de los reyes paganos para dar esperanza de futuro a Judá. La administración de Dios anula la de cualquier rey de este mundo.

Aplicación personal

El libro de Esdras es un mensaje de que el pacto de Israel con Dios continúa, tal como prometió en Jeremías 29:14: "Y seré hallado por vosotros, dice Jehová, y haré volver vuestra cautividad, y os reuniré de todas las naciones y de todos los lugares adonde os arrojé, dice Jehová; y os haré volver al lugar de donde os hice llevar". Dios hace regresar a su pueblo escogido de la cautividad, y continúa mostrando su misericordia y gracia en cada generación de su pueblo. No importa lo difícil que sea su "cautividad" actual, nunca será apartado del amor de Dios y de su misericordia. La restauración es posible siempre que regrese a Él.

Lecciones para la vida en Esdras

▶ Dios siempre mantiene las promesas que hace a su pueblo... y a usted.

▶ Dios obra detrás del escenario para guiar y dirigir su vida.

▶ Es necesario un liderazgo espiritual fuerte para guiar a las personas.

▶ Prepararse para enseñar al pueblo de Dios es una tarea de gran dedicación.

▶ Enseñar la Palabra de Dios siempre tendrá un efecto positivo.

Dónde encontrarlo

Zorobabel, el líder del primer regreso.......................... Esdras 2:2

Urim y Tumin.. Esdras 2:63; Éxodo 28:30

La obra del templo comienza ....Esdras 3:8-10

Preparaciones de Esdras para el ministerio ....Esdras 7:10

Los dos regresos a Jerusalén
en el libro de Esdras

Capítulos 1–6	Capítulos 7–10
Decreto de Ciro	Decreto de Artajerjes
538 a.C.	458 a.C.
Dirigido por Zorobabel	Dirigido por Esdras
Se devuelven los utensilios sagrados	Se da oro para el templo
Ministerio de los profetas Hageo y Zacarías	Ministerio de Esdras
Templo reconstruido	Pueblo reconstruido

Nehemías

Les dije, pues: Vosotros veis el mal en que estamos,
que Jerusalén está desierta, y sus puertas consumidas
por el fuego; venid, y edifiquemos el muro
de Jerusalén, y no estemos más en oprobio.
(2:17)

Tema: Reconstrucción
Fecha: 424-400 a.c.
Autor: Nehemías
Lugar: Jerusalén

Nehemías ofrece una secuela a la narración del libro de Esdras. Primero, Esdras llega al lugar y realiza reformas enseñando la Palabra de Dios. Ahora, 13 años más tarde, Nehemías, un copero de confianza del rey de Persia, llega a Jerusalén con el encargo de reconstruir los muros.

En Esdras nos preocupaba un problema doble: la reconstrucción del templo bajo el liderazgo de Zorobabel y la restauración del culto bajo el liderazgo de Esdras. A su vez, Nehemías también tiene un problema doble: reconstruir los muros alrededor de Jerusalén (que fue destruida por los babilonios) e instruir de nuevo al pueblo judío, que se había hecho pagano por el matrimonio con gentiles no creyentes que vivían en los alrededores.

Esquema

▶ **Capítulos 1–7**   *Reconstrucción de los muros*

El libro comienza cuando Nehemías vivía en Susa, la capital de invierno del rey persa. Allí recibe informes de las tristes condiciones de vida de aquellos que voluntariamente regresaron a Jerusalén tanto con Zorobabel como con Esdras. Abrumado por estas noticias, Nehemías ora y cuando lo hace se da cuenta de que él es quien mejor puede ayudar. Por lo tanto, pide ausentarse de sus deberes como copero de confianza del rey y recibe el permiso para ir a Jerusalén como gobernador de la ciudad.

Cuando llega allí, Nehemías inspecciona los muros dañados y consigue el apoyo de las personas, quienes con gusto lo ayudan a reconstruir el muro. Nehemías permanece firme contra la amenaza de ataque de los amonitas y los árabes. Mantiene a la mitad de los obreros armados y a la otra mitad con herramientas para trabajar en la reconstrucción del muro. Estos enemigos no quieren ver reconstruidos los muros de Israel, y tratan de desanimar a Nehemías y a los trabajadores. Pero los judíos continúan trabajando, y una obra que había flaqueado durante 70 años, ¡se termina en 52 días! Ahora que los muros están levantados, Nehemías delega en hombres fieles el cuidado de la ciudad y de las puertas.

▶ **Capítulos 8–13**   *Instruir de nuevo al pueblo*

Con los muros reconstruidos y con algunas medidas de protección, el pueblo se reúne en una gran asamblea y pide que le sea leída la ley de Moisés. Esdras, del cual no hemos oído hablar durante algún tiempo, lee públicamente la ley, y los sacerdotes y levitas explican el significado de lo que es leído. La lectura dura desde las primeras horas de la mañana hasta el mediodía. En respuesta, el pueblo celebra la fiesta de los tabernáculos durante siete días, y cada día Esdras sigue leyendo la ley. Como una respuesta más a la Palabra de Dios los judíos ayunan, se ponen en penitencia para demostrar su humildad, se separan de los gentiles que los rodean, confiesan sus pecados y solemnemente deciden observar las ordenanzas de la ley.

Como Jerusalén ahora está a salvo y es grande, la población es redistribuida para que uno de cada diez judíos viva en la ciudad. Los otros son libres de establecer su herencia familiar en la tierra fuera de los muros de la ciudad. De manera similar a la dedicación para reconstruir el templo (Esd. 6), los muros edificados son dedicados con música de agradecimiento. Nehemías es reclamado en Persia por un periodo de tiempo indeterminado.

Más tarde, regresa a Jerusalén y se enfada al descubrir que el sumo sacerdote ha permitido que un extranjero, un líder gentil, tenga una habitación en el templo; un abuso flagrante de "la casa de Dios". Nehemías elimina el mobiliario del hombre y limpia el almacén. El libro termina con la exhortación de Nehemías a los líderes a cumplir el pacto previo con Dios.

Mensaje principal

Tres temas principales se pueden ver en el relato de Nehemías sobre los problemas de Israel para sobrevivir en medio de circunstancias tremendamente hostiles.

Primero, la importancia de la Palabra de Dios: hay un constante deseo de los líderes de Israel de seguir cuidadosamente la Palabra de Dios y hacer su voluntad. Varios son los relatos que muestran a Esdras y a los sacerdotes leyendo "el libro de la ley de Moisés" (8:1) seguido de explicaciones de su significado para el pueblo. Los líderes desean "...entender las palabras de la ley" (8:13) y están tan preocupados por cómo realizar los sacrificios que toman precauciones para llevarlos a cabo de forma exacta "...como está escrito en la ley" (10:34, 36). También cuando son necesarias reformas en el matrimonio, los líderes actúan de acuerdo con lo que se lee en el libro de Moisés (13:1).

Segundo, Nehemías confía en Dios: Nehemías confía totalmente en que Dios dirige y guía cada paso que da. Una y otra vez, atribuye su éxito y preservación a Dios: "...la mano de Dios había sido buena sobre mí..." (2:18; ver también 2:8; 6:16), "...Dios había desbaratado el consejo de ellos..." (4:15), "...puso Dios en mi corazón..." (7:5).

Tercero, la oposición frente a los enemigos de Israel: al igual que Esdras, los enemigos de Judá intentan incitar al gobierno persa para revocar los edictos que permitían a Judá reconstruir su sistema social y religioso. Sin embargo, a pesar de la corrupción y de las disensiones dentro de Judá y de la intimidación de las naciones de los alrededores, Nehemías y el pueblo reconstruyen los muros en solo 52 días.

Aplicación personal

En lo que se refiere a la construcción o reconstrucción de su vida espiritual, siga el ejemplo de Nehemías y de los judíos en Jerusalén, y recuerde que la Palabra de Dios es fundamental en cada movimiento que haga. ¿Qué importancia tiene la Palabra de Dios en las decisiones que toma? ¿Cómo encaja la verdad de Dios en los planes que está ideando? Si quiere construir una vida mejor, mire el esquema de Dios.

La confianza de Nehemías en el Señor era inquebrantable. Desde el momento en que entendió su parte en el plan divino, su confianza en la provisión y la protección de Dios fue firme. Su seguridad era contagiosa, y el pueblo respondió trabajando unidos para reconstruir los muros de la ciudad. ¿Cuánto confía usted en la provisión y la protección de Dios? Confíe en Él en medio de las dificultades; esta actitud puede que inspire a otros a tener también confianza en Dios.

Finalmente, asegúrese de no subestimar al enemigo. Los enemigos de Jerusalén habían impedido que se reconstruyera el muro durante 70 años. ¡Habían sido unos oponentes formidables! Pero mediante la oración y la perseverancia, el pueblo estuvo alerta, se defendieron ellos mismos y terminaron la tarea. Cuando se enfrente a la oposición, defiéndase usted mismo con la armadura de Dios (Ef. 6:14-17) y consiga la victoria.

Lecciones para la vida en Nehemías

▶ A veces usted puede convertirse en la respuesta a sus propias oraciones.

▶ La mayoría de las cosas que usted hace para los propósitos de Dios exigen actos de fe.

▶ No subestime la importancia de leer y entender la Palabra de Dios.

▶ Debe estar constantemente alerta contra los ataques del enemigo de su alma.

Dónde encontrarlo

La oración de Nehemías sobre Jerusalén.................. Nehemías 1

La petición de Nehemías al rey .... Nehemías 2

Relación de trabajadores .... Nehemías 3

Vida de oración de Nehemías

- Cuando estaba desanimado, oraba (1:4).

- Cuando buscaba dirección, oraba (1:5-11).

- Cuando buscaba ayuda, oraba (2:1-5).

- Cuando era atacado, oraba (4:4-5, 9).

- Cuando se sentía débil y sin fuerza, oraba (6:9)

- Cuando estaba alegre, oraba (13).

Ester

...¿Y quién sabe si para esta hora
has llegado al reino?
(4:14)

☙

Tema: Preservación
Fecha: 450-431 a.C.
Autor: Desconocido
Lugar: La corte de Persia

Los tres libros de Esdras, Nehemías y Ester recogen la relación de Dios con los judíos después de sus profetizados 70 años de cautiverio en Babilonia. Mientras que en Esdras y Nehemías hablan los que regresaron a Judá, el libro de Ester trata de la gran mayoría que decidieron permanecer en la tierra de su cautiverio. Ester es uno de los dos libros de la Biblia que lleva nombre de mujer, el otro es el libro de Rut. Ester es una joven judía que por la soberanía de Dios se convierte en reina del vasto Imperio persa que se extendía desde la India hasta Etiopía. En medio de una crisis desesperada y aparentemente sin esperanza, la reina Ester ejerce su influencia, y los judíos son salvados de la aniquilación. La historia de Ester encaja entre los capítulos 6 y 7 de Esdras, y entre el primer regreso a Jerusalén dirigido por Zorobabel, y el segundo, por Esdras.

Esquema

▸ **Capítulos 1–5** *La crisis anticipada*

El drama comienza cuando la reina Vasti se niega a aparecer ante su esposo, el rey Asuero, en la sala de un banquete llena de hombres borrachos. Se la condena al exilio, y comienza por todo el Imperio la búsqueda de una nueva reina. Al final Ester, una judía, es elegida para convertirse en la esposa del rey. Mientras tanto Mardoqueo, el primo mayor de Ester, que también la crió, es un oficial del gobierno. Él descubre un complot para asesinar al rey y se lo cuenta a Ester, que informa lo sucedido en nombre de Mardoqueo.

Todo drama tiene un villano, y en el libro de Ester se llama Amán, que es el primer ministro, el segundo al mando del rey. Mardoqueo se niega a inclinarse ante Amán, y este airado echa la suerte o "Pur" para determinar el mejor día para eliminar a los judíos. Una vez hecho esto, pide permiso al rey para destruir a Mardoqueo y a todos los judíos.

Amán engaña a Asuero hablándole de "ciertas personas" que no guardan las leyes del rey y merecen morir. Aquel sin saber de quiénes se trata, pero ansioso de eliminar a cualquier rebelde, hace un edicto que condena a muerte a los judíos. Como Ester nunca ha revelado su herencia judía, el rey sin saberlo ha aprobado la muerte de su propia esposa. Cuando Mardoqueo le habla a Ester del edicto, ella decide arriesgar su vida para salvar a su pueblo. Ester planea un banquete e invita al rey y a Amán, esperando la oportunidad de sacar a la luz el malvado plan del primer ministro.

▶ **Capítulo 6–10** *La crisis solucionada*

La noche antes del banquete de Ester, el rey es incapaz de dormir y pide los informes de los archivos reales para leerlos. Cuando le leen los informes, el rey se entera de que hace algún tiempo Mardoqueo había descubierto un complot contra él, un acto por el cual no había sido recompensado. A la mañana siguiente, el rey le pregunta a Amán qué debería hacerse para honrar adecuadamente a un héroe. Amán cree que el rey está hablando de él, así que describe una recompensa generosa y pública. Entonces el rey le dice a Amán que honre a Mardoqueo de esa manera.

Las cosas van de mal en peor para Amán cuando Ester revela que es judía y saca a la luz el malvado plan. Furioso, el rey hace colgar a Amán en la misma horca que este tenía preparada para Mardoqueo. Así Asuero hace un nuevo edicto que permite a los judíos de todas las provincias defenderse contra los ataques que la proclamación de Amán había autorizado. Para celebrar esta histórica ocasión, se establece la fiesta de Purim que todavía se celebra entre los judíos hoy día. En el acto final de este verdadero drama, Mardoqueo es nombrado primer ministro y ocupa el puesto dejado por Amán.

Mensaje principal

La preservación del pueblo de Dios se llevó a cabo a través de un concurso de belleza, un rey pagano y una mujer valiente. Es más, independientemente de que los judíos hubieran escogido regresar a Jerusalén o permanecer en Persia, Dios los protegió. La preservación de los que quedaron no dependió del Imperio persa o de sus posesiones o posiciones, sino del plan de Dios y las promesas a Israel. Él obró a través de una mujer que estuvo dispuesta a arriesgar la vida por su pueblo. Cuando se dio cuenta de que era necesario permanecer firme, pronunció las famosas palabras: "...y si perezco, que perezca" (4:16).

Aunque el nombre de Dios no aparece ni siquiera una vez en el libro de Ester, el claro mensaje que surge de sus páginas es que Él es el soberano de todas las cosas. Guió fielmente y protegió al pueblo del pacto, y anuló los planes humanos en su contra, sin importar si vivían en Susa, la capital de Persia, o si estaban diseminados por una de las 127 provincias persas que se extendían desde la India hasta Etiopía.

Aplicación personal

¿Cuánta de su seguridad cree usted que reside en sus posesiones, en su posición, en su reputación o en su lugar de residencia? Viva donde viva y posea lo que posea, tenga en cuenta que Dios no lo puso allí o le dio las cosas que posee para su beneficio. No, lo ha puesto allí y le ha proporcionado los medios para servirle a Él. Ester no escogió estar en el palacio del rey Asuero ni ser su reina. Pero desde esa posición, Dios la utilizó poderosamente para preservar a su pueblo. No importa lo que usted tenga o no tenga, que sus circunstancias sean buenas o malas, Dios puede protegerlo y lo hace. Y puede utilizarlo, y lo hace, para ayudar a su pueblo. Puede que usted no vea su mano poderosa que da y protege, pero esté seguro de que Él obra a su favor. Él es su seguridad última, provee para usted y cuidará de usted.

Lecciones para la vida en Ester

▶ No deje que las circunstancias imperfectas le impidan confiar en Dios.

▶ No crea que una vida difícil no le permite servir a Dios y a su pueblo.

▶ La mano protectora de Dios siempre está presente, aunque no siempre sea visible.

▶ Se necesita valor para defender nuestras creencias y estar dispuesto a afrontar las consecuencias de ello.

▶ Todas las personas de Dios —incluido usted— han sido preparadas por Él para un propósito y una estrategia útiles.

Dónde encontrarlo

La fiesta de Purim

- La primera y única fiesta no mosaica
- Una fiesta anual de regocijo de dos días de duración
- Celebrada en febrero o marzo
- Recibe el nombre de la palabra acadia para *suerte*

Los libros poéticos

⚕

Los 17 libros históricos que comprende la primera parte del Antiguo Testamento han terminado. Ofrecen la historia de la civilización desde la creación hasta el momento del Imperio persa. Relatan la vida de la nación judía desde su concepción, pasando por los días de gloria y deportación, hasta llegar a sus días de supervivencia como nación pequeña e insignificante rodeada de enemigos que intentan destruirla.

Ahora llega un grupo de libros distintos, que se conocen como los libros poéticos de la Biblia: Job, Salmos, Proverbios, Eclesiastés y Cantar de los cantares. No relatan experiencias históricas. Más bien tratan sobre experiencias del corazón humano. No suponen un avance en la historia de la nación de Israel. Más bien, utilizando la poesía hebrea, ahondan en cuestiones como el sufrimiento, la sabiduría, la vida, el amor, y lo que es más importante, el carácter y la naturaleza de Dios. Finalmente, tienen otra importante función: servir como vínculo entre la historia del pasado y los libros proféticos del futuro.

Job

*...me aborrezco, y me arrepiento
en polvo y ceniza.*
(42:6)

⚛

Tema: Bendiciones a través del sufrimiento
Fecha: 2000-1800 a.c.
Autor: Desconocido
Lugar: Tierra de Uz

El libro de Job es considerado por muchos estudiosos como el libro más antiguo de la Biblia. Job probablemente vivió durante el mismo periodo que Abraham. Al igual que este, él es un hombre rico y honrado, temeroso de Dios. Este libro que lleva el nombre de Job describe el fin de sus aires de superioridad. Debido a sus padecimientos —que incluyen la pérdida de su familia, su riqueza y su salud—, se producen una serie de debates con sus amigos por el tema del sufrimiento. Después en una discusión con Dios, Job termina cuestionándose las acciones del Señor en su vida e intenta justificarse a sí mismo. Finalmente, comprende la grandeza, majestad, soberanía y total independencia de Dios y se ve a sí mismo tal como Él lo ve. Se arrepiente de su arrogancia, y Dios le restablece la salud, le da otra familia y lo hace más rico que antes.

Esquema

▸ **Capítulos 1–3**   *El drama*

El libro de Job comienza con los hechos sobre su integridad, su riqueza y sus hijos. No parece el candidato más adecuado para el desastre. Pero mediante un extraño y rápido vistazo en el cielo, se ve cómo Satanás acusa de que nadie, ni siquiera Job, ama a Dios por motivos puros. El diablo dice que las personas solo aman a Dios por las bendiciones materiales. Para refutar las acusaciones de Satanás, el Señor permite que este golpee a Job con dos series de desastres. El primero le arrebata su riqueza y su familia, y el segundo, su salud. La esposa de Job observa su sufrimiento y le dice: "Maldice a Dios y muérete". Cuatro amigos oyen hablar de las adversidades de Job y se acercan a consolarlo. Durante siete días, se sientan ante Job y observan su sufrimiento. Al final, el protagonista rompe su silencio lamentando repetidamente el día de su nacimiento.

> **Capítulos 4–37** *Los debates*

Después de romper el silencio, se producen tres turnos de debates con los amigos de Job. Todos tienen el mismo tema: Job está sufriendo porque hay un pecado profundo y oscuro en su vida. Desconociendo por completo la discusión entre Dios y Satanás, sus amigos creen que la confesión es la única cura. Con cada ronda de acusaciones —y las repetidas negaciones de Job—, aumenta el fervor de la discusión. Job primero acusa a sus amigos de juzgarlo, lo cual es verdad. Finalmente, frustrado por las repetidas acusaciones, apela a Dios como su juez. Las defensas de Job son mucho más largas que las acusaciones de sus amigos, y al intentar defender su inocencia, acaba siendo culpable de autosuficiencia arrogante. Después de que Job hace una argumentación final de cinco capítulos sobre su inocencia, Eliú, el cuarto amigo, que ha permanecido en silencio hasta este momento, da una visión más acertada que los demás del problema de Job. Eliú sugiere que su amigo necesita humillarse ante Dios y someterse a la obra de purificación que Dios ha realizado en él a través de las pruebas por las que lo ha hecho pasar.

> **Capítulos 38–42** *La liberación*

Tras el discurso de Eliú, el Señor termina el debate hablando a Job desde un torbellino. Dios da dos discursos. En el primero, revela su poder y sabiduría como Creador y Sustentador del mundo físico y animal. Job solo puede reconocer su ignorancia e insignificancia.

En el segundo discurso, Dios describe su soberana autoridad y poder. Job responde reconociendo su error con un corazón arrepentido. Si no podía entender la obra de Dios en el ámbito natural, ¿cómo podía comprender la forma de actuar de Dios en el ámbito sobrenatural? Job finalmente entiende su sufrimiento desde la perspectiva divina. El reto de Satanás se había convertido en una oportunidad para que Dios edificara la fe y el carácter de Job. Y al final, Él le restituyó a Job el doble de lo que inicialmente poseía.

Mensaje principal

El libro de Job es una fascinante historia de un rico que se hizo pobre y luego volvió a ser rico. Proporciona ideas sobre el problema del sufrimiento, la certeza de la soberanía divina, las actividades de Satanás y una fe que resiste. Job fue puesto a prueba, y su fe permaneció firme porque fue edificada sobre los fundamentos inamovibles de Dios. Su aflicción al principio hizo que se quejase, y un examen de sí mismo lo llevó al egoísmo. Sin embargo, el arrepentimiento de sus errores lo condujo a la restauración. Al final, las pruebas por las que pasó lo condujeron a una profunda transformación. Job fue un hombre diferente después de graduarse en la escuela del sufrimiento de Dios. En defensa de los amigos, se puede decir que, aunque sus "consoladores" pueden haber llegado a conclusiones erróneas sobre el sufrimiento, fueron los únicos que estuvieron a su lado en los momentos de necesidad. Y el discurso final de Eliú nunca fue desaprobado, lo cual confirma que entendía mejor que los demás el problema de Job y la solución de Dios.

Aplicación personal

Dios lo sabe todo y es Todopoderoso, y su voluntad es perfecta. Sin embargo, con nuestras mentes finitas, usted y yo no siempre entendemos sus acciones. El sufrimiento no tiene sentido para nosotros. Después de todo, nos preguntamos erróneamente: ¿no se supone que el pueblo de Dios debe prosperar, para recibir siempre bendiciones y disfrutar de una vida sin penas? En nuestro mal entendimiento de Dios, nosotros, como Job, nos desesperamos. Lo cuestionamos y a veces hasta le mostramos los puños con frustración. Job nos enseña que hay muchas cosas que nunca entenderemos, incluido el sufrimiento. Pero una cosa sí sabemos: Dios nunca es insensible a nuestro dolor. Su suficiencia compensa nuestra insuficiencia, y al final, nos acercamos más a Él.

Lecciones para la vida en Job

▶ En el cielo, suceden asuntos espirituales de los cuales no tenemos conocimiento, y sin embargo nos afectan.

▶ Los temas de la vida no siempre se pueden entender en términos humanos.

▶ El pueblo de Dios sufre. A las personas buenas, les ocurren cosas malas.

▶ No siempre se puede juzgar la espiritualidad de una persona por su sufrimiento o prosperidad.

▶ Dios siempre tiene una razón para pedirnos que aguantemos.

▶ El sufrimiento debería mejorar nuestra alabanza cuando nos acercamos a Dios y a su consuelo.

Dónde encontrarlo

Algunas fuentes de sufrimiento

- La caída del hombre: Génesis 3:16-19
- Las consecuencias de nuestros pecados: Gálatas 6:7
- Los pecados de los demás: Génesis 37:26-29
- Las consecuencias inevitables: Lucas 10:30
- El desastre inevitable: Lucas 13:1-5
- Consecuencia de nuestras creencias: Filipenses 1:29; 2 Timoteo 3:12
- El plan más grande de Dios: Job 1:1—2:13

Salmos

La alabanza de Jehová proclamará mi boca;
y todos bendigan su santo nombre
eternamente y para siempre.
(145:21)

Tema: Alabanza
Fecha: 1410-450 a.c.
Autor: Varios autores
Lugar: Cielo y tierra

Los salmos son expresiones poéticas de sentimiento humano y religioso, y están divididos en cinco libros que comprenden 150 salmos en total. Salmos abarca los diez siglos que van desde Moisés hasta los días después del exilio judío. Tienen una amplia variedad de estilos, propósitos y emociones, como el lamento, la acción de gracias, la alabanza, la adoración, el peregrinaje, la petición y la penitencia. Cada uno de los cinco libros termina con una doxología. El último salmo es el salmo con el que termina el quinto libro y el libro de Salmos en su conjunto.

Esquema

▶ **Capítulos 1–41** *Libro I*

A David se le asignan casi la mitad de los salmos (73 de 150). Es el autor de todos los salmos del primer libro o grupo de salmos. Las diversas experiencias de David como pastor, músico, guerrero y rey se reflejan en sus escritos. Los salmos de este grupo son básicamente canciones de alabanza y adoración. El más conocido de esta sección es el Salmo 23, que comienza con las familiares y apreciadas palabras:

"Jehová es mi pastor…" (Sal. 23:1). Una descripción profética del "Mesías que sufre" la podemos encontrar en el Salmo 22.

> ▶ **Capítulos 42–72**   *Libro II*

David y los hijos de Coré (un grupo de cantantes y compositores) recitan la mayor parte de los salmos de este segundo libro. Muchos de los salmos de este grupo son himnos de interés nacional y describen la naturaleza de Dios, su castigo a los malvados y la liberación de los justos. La plegaria pública de arrepentimiento de David después de su pecado con Betsabé se encuentra en esta sección. En ella, David grita: "Ten piedad de mí, oh Dios, conforme a tu misericordia…" (Sal. 51:1). Estos salmos nos ayudan a conservar un sentimiento de maravilla y agradecimiento hacia Dios cuando alabamos.

> ▶ **Capítulos 73–89**   *Libro III*

Asaf fue nombrado por David líder de uno de los coros del templo (1 Cr. 25:1) y es el autor de la mayoría de los salmos de esta sección. Este grupo de "canciones" celebran la soberanía de Dios, la mano de Dios en la historia, su fidelidad y su pacto con David. Estos salmos nos recuerdan que la adoración de nuestro gran Dios debe ser continuada. El salmista declara: "Las misericordias de Jehová cantaré perpetuamente; de generación en generación haré notoria tu fidelidad con mi boca" (Sal. 89:1).

> ▶ **Capítulos 90–106**   *Libro IV*

Aunque cinco de estos salmos se atribuyen a David, la mayoría de ellos fueron escritos anónimamente. Primero, estos salmos son himnos de alabanza y reflexión, y una oración de Moisés es el salmo de apertura de la sección. Moisés nos recuerda que nuestro tiempo en la tierra es limitado y que tenemos que utilizarlo sabiamente. Nos dice: "Enséñanos de tal modo a contar nuestros días, que traigamos al corazón sabiduría" (Sal. 90:12).

> ▶ **Capítulos 107–150**   *Libro V*

Muchos de estos salmos se le atribuyen a David, y muchos son himnos de alabanza. Exaltan las obras de Dios, describen las bendiciones de una vida recta, y el salmo más largo (Sal. 119) alaba a Dios por su maravillosa Palabra. La poesía en este grupo nos recuerda que el sacrificio más perfecto que podemos ofrecer a Dios es llevar una vida de fidelidad y obediencia.

Mensaje principal

Aunque Salmos está compuesto por diferentes salmos escritos por diversos autores durante cientos de años, están maravillosamente unidos por un tema común: la alabanza a Dios por ser quien es, por lo que ha hecho y por lo que hará en el futuro. La bondad del Señor se extiende en el tiempo hasta la eternidad. Estos himnos y estas canciones de alabanza fueron escritos con una transparencia y honestidad refrescante. En ellos vemos que los salmistas comparten sus más profundos sentimientos con Dios y para Dios.

Dentro de los Salmos, hay un grupo a los que se denomina colectivamente "salmos imprecatorios", lo que significa que "invocan una maldición". Estos salmos suponen un problema para ciertas personas, ya que los consideran duros y despectivos. Pero hay que tener en cuenta algunas cosas al valorar los salmos imprecatorios: primero, están en la Biblia y por lo tanto tienen origen divino. Además, estos salmos claman por la justicia divina, no por la venganza humana. También suplican a Dios que castigue a los malvados y, por tanto, reivindican su justicia. Finalmente, incluso Jesús invocó una maldición sobre los habitantes de varias ciudades que rechazaron el evangelio. Resumiendo, Dios es el Dios del amor, pero también de la justicia.

Aplicación personal

Los salmos se centran en Dios y reflejan su programa para su pueblo. Cuanto más los lea, mejor entenderá y más bendición recibirá de lo que aprenda de Dios y de su obra como Creador, Redentor, Sustentador y Consolador. Como los salmistas, debería sentirse impulsado a alabar y adorar al Señor. Los salmos pueden guiarlo continuamente hacia una relación más profunda y significativa con Dios.

Lecciones para la vida en Salmos

▶ Los salmos le ayudan a entender mejor a Dios.

▶ Los salmos pueden guiarlo hacia una relación continuada con Dios.

▶ Los salmos son una fuente de consuelo en los tiempos de dolor y angustia.

▶ Los salmos le recuerdan a menudo que Dios tiene el control sobre todas las cosas.

▶ Los salmos proporcionan un modelo para alabar y adorar.

Dónde encontrarlo

El mensaje de Salmos

*Todo lo que respira alabe a JAH. Aleluya
(Sal. 150:6).*

Proverbios

El principio de la sabiduría es el temor de Jehová;
los insensatos desprecian la sabiduría y la enseñanza.
(1:7)

☙

Tema: Sabiduría práctica
Fecha: 971-686 a.c.
Autor: Salomón principalmente
Lugar: La vida diaria

Mientras que David es el autor de la mayoría de los salmos, su hijo, Salomón, es el autor de la mayor parte del libro de Proverbios. Al principio de su reinado, Dios le concedió gran sabiduría a Salomón (1 R. 4:29-34). Mucha de su sabiduría se refleja en los 800 proverbios que se incluyen en el libro de Proverbios.

Un *proverbio* se puede describir como una breve declaración que ofrece una observación concisa, pero poderosa. Y es habitual que los proverbios utilicen comparaciones, contrastes, analogías y figuras retóricas para atraer la atención sobre lo que quieren destacar. El libro de Proverbios es el libro más práctico del Antiguo Testamento porque ofrece ejemplos sencillos y perspectivas sobre las realidades básicas de la vida diaria. El objetivo de Proverbios es inspirar profunda reverencia por Dios, temor a sus juicios, y un profundo amor por la sabiduría y una forma de vida piadosa.

Esquema

▶ **Capítulos 1–9**   *Sabiduría para los jóvenes*

Tras una breve introducción que explica el propósito y tema del libro de Proverbios —instruir en sabiduría y ayudar a conseguir discernimiento—, Salomón ilumina a los jóvenes de su tiempo como un padre que da consejo a sus hijos. Ofrece una serie de diez exhortaciones, cada una de ellas comienza con la apasionada apelación: "Oye, hijo mío". Salomón incita a los jóvenes a atesorar la sabiduría por encima de todo lo demás. La sabiduría, explica, les ayudará a evitar el delito y a los malvados, proporciona libertad y seguridad, da discernimiento sobre cómo evitar la inmoralidad y apartarse de la vida irracional. Cualquiera que inicie —y continúe— su viaje de descubrimiento de la sabiduría se beneficiará de estos sabios dichos. El objetivo de Salomón es "...dar sagacidad a los simples, y a los jóvenes inteligencia y cordura" (Pr. 1:4).

▶ **Capítulos 10–24**   *Sabiduría para todos*

Salomón quiere impartir sabiduría no solo a los jóvenes de su tiempo, sino a todos, sin importar la edad, el sexo o la posición en la sociedad. Esta sección contiene una colección de proverbios de Salomón y una serie de lecciones de otros hombres sabios. Estos cortos dichos ofrecen sabiduría práctica para la vida diaria. Comparan el bien con el mal, lo correcto con lo incorrecto, dan consejos sobre cómo criar a un hijo, sobre asuntos de dinero y sobre la forma de hablar. Al final "todo hombre prudente procede con sabiduría, mas el necio manifestará necedad" (Pr. 13:16).

▶ **Capítulos 25–29**   *Sabiduría para líderes*

Según 1 Reyes 4:32, Salomón dijo 3000 proverbios y 1005 canciones. Esta sección contiene más de estos proverbios, recogidos por los hombres que servían bajo el rey Ezequías. Aunque la mayoría de estos dichos son generales, muchos van dirigidos hacia el rey y los que se relacionan con él. Son útiles para los que son líderes o aspiran a serlo en cualquier área de la vida: en casa, en la iglesia, en el colegio, en el gobierno y en el trabajo. Salomón instruye: "Gloria de Dios es encubrir un asunto; pero honra del rey [o del líder] es escudriñarlo" (Pr. 25:2).

▸ **Capítulos 30–31** *Sabiduría para los discípulos*

Los dos últimos capítulos de Proverbios actúan casi como un apéndice de los dichos de dos sabios desconocidos. El primer sabio desconocido es Agur. Ofrece sus consejos a dos discípulos, Itiel y Ucal, en grupos de proverbios numéricos: "Dos cosas te he demandado... Tres cosas hay que nunca se sacian... Tres cosas me son ocultas..." (Pr. 30:7, 15, 18). El último capítulo de Proverbios contiene sabiduría pasada por una madre a su discípulo: su hijo, el rey Lemuel. En la primera parte de Proverbios 31, la madre aconseja a su hijo cómo ser un buen rey. En los versículos restantes, le hace la siguiente pregunta: "Mujer virtuosa, ¿quién la hallará?" (Pr. 31:10) y después aconseja a su hijo sobre cómo buscar una buena esposa.

Mensaje principal

Salomón llegó al trono con grandes promesas, privilegios y oportunidades. Dios le concedió sabiduría por encima de cualquier hombre de su época. En la primera parte de su gobierno, reyes y reinas, el pueblo llano y las clases altas buscaban el sabio consejo de Salomón. Se cree que escribió la mayoría de sus proverbios de sabiduría durante estos primeros años de devoción a Dios. Pero sorprendentemente y por desdicha, en los años posteriores, no fue capaz de vivir según las verdades que conocía y escribía. Se convirtió en el necio contra quien tan ardientemente prevenía en sus proverbios.

Aplicación personal

Al leer los proverbios, tiene que comprender bien el mensaje de Salomón: conocer a Dios es la clave de la sabiduría. Después lea el resto de la Palabra para conocer más de la sabiduría de Dios. Escuche los pensamientos y las lecciones no solo del hombre más sabio del mundo, Salomón, sino también de los muchos otros maestros de la Biblia. Repase estas verdades repetidamente y aplíquelas siempre en su vida. "El temor de Jehová es el principio de la sabiduría, y el conocimiento del Santísimo es la inteligencia" (Pr. 9:10).

Lecciones para la vida en Proverbios

▸ Elija la manera de actuar de Dios. Lo llevará a tomar las decisiones correctas.

▸ Elija con cuidado sus palabras. Revelan su carácter interno.

▸ Elija trabajar con diligencia. Honrará a Dios, se beneficiará de ello y conseguirá tener más habilidad en su trabajo.

▸ Elija a sus amigos con cuidado. Son un reflejo de usted mismo.

▸ Elija desarrollarse moralmente y ser devoto a Dios. Esto es un éxito a los ojos del Señor.

Dónde encontrarlo

Sabiduría ....Proverbios 2:6; 18:15

Disciplina ....Proverbios 15:18; 16:32; 25:28

Expresión ....Proverbios 16:23-24; 21:23

Amigos ....Proverbios 17:17; 18:24; 22:24-25

Dinero .... Proverbios 3:9; 11:28; 13:11

Comida .... Proverbios 30:7-9

Ser padres ....Proverbios 20:15; 22:6

Las instrucciones de un padre sobre el valor de la sabiduría según Proverbios 3:1-26

- La sabiduría se consigue escuchando.
- La sabiduría añadirá salud y paz a su vida.
- La sabiduría lo favorece ante Dios y ante los hombres.
- La sabiduría cree en Dios y es temerosa.
- La sabiduría busca entendimiento en Dios.
- La sabiduría genera fuerza.
- La sabiduría aprecia el castigo por sus beneficios.
- La sabiduría es mejor que el oro.
- La sabiduría se aprecia en la creación.
- La sabiduría lo mantiene en el camino correcto.

Eclesiastés

...Teme a Dios, y guarda sus mandamientos;
porque esto es el todo del hombre.
(12:13)

Tema: Sin Dios todo es vanidad
Fecha: 940-931 a.C.
Autor: Salomón
Lugar: Final de la vida de Salomón

El título para este cuarto libro en la serie sobre sabiduría es *Eclesiastés*, que significa "un oficial que habla en una reunión". En el caso de Eclesiastés, es un hablante, "el Predicador" (Ec. 1:1). No hay duda de que este libro es una autobiografía escrita por el rey Salomón al final de su vida después de alejarse de Dios. Como si estuviera presentando los resultados de un experimento científico, Salomón, el Predicador, habla de su búsqueda de la satisfacción. En cuatro "sermones", relata el descubrimiento de que la vida sin Dios es una búsqueda larga e infructuosa de gozo, significado y satisfacción. Salomón espera evitar que sus lectores sufran la amargura de aprender por experiencia propia que vivir una vida sin Dios es algo vacío, hueco, infructuoso y carente de significado.

Esquema

▸ **Capítulos 1–2** *Experiencias personales de Salomón*

El Predicador describe su búsqueda de significado y satisfacción explorando sus amplios recursos personales. Pasa de la sabiduría a la risa y el hedonismo; y del vino a las obras, las mujeres y la riqueza.

Pero todo conduce al vacío. Concluye reconociendo que la satisfacción y el gozo solo se encuentran en Dios.

▶ **Capítulos 3–5** *Las observaciones generales de Salomón*

El Predicador pasa ahora de las experiencias personales a la observación general sobre el mundo y la actividad humana. Se encuentra a sí mismo en contra de lo que parece ser la divina providencia, un aparentemente inmutable estado fijo para todo lo que sucede. Piensa en el inamovible orden de los sucesos y concluye: "Todo tiene su tiempo, y todo lo que se quiere debajo del cielo tiene su hora", una verdad que no se puede entender, pero que es necesario aceptar (Ec. 3:1). Salomón mira después hacia la opresión humana, la desigualdad, la popularidad, la riqueza, el honor y de nuevo llega a una conclusión similar: "Donde abundan los sueños, también abundan las vanidades y las muchas palabras; mas tú, teme a Dios" (Ec. 5:7).

▶ **Capítulos 6–8** *Los consejos prácticos de Salomón*

El Predicador va avanzando hacia la conclusión. El secreto que busca la humanidad se halla en encontrar en el verdadero centro de la conducta. Al conseguir el equilibrio en la vida, el adecuado comportamiento, la forma de vivir correcta, Salomón ofrece la conclusión temporal de que cada uno "coma y beba y se alegre; y que esto le quede de su trabajo los días de su vida que Dios le concede debajo del sol" (Ec. 8:15).

▶ **Capítulos 8–12** *Conclusión final de Salomón*

Cuando observamos nuestras vidas, nos sentimos tentados a pensar que son inútiles y vacías. Todos nuestros esfuerzos parecen infructuosos y transitorios, y todos nuestros placeres y logros no pueden proporcionarnos una auténtica satisfacción. La única cosa que sabemos con certeza es que moriremos. La única cosa que puede ayudarnos a superar nuestra desesperanza y a conseguir que nuestra vida tenga un auténtico sentido es reconocer y obedecer a nuestro Creador.

Mensaje principal

Aunque el tono de Eclesiastés es negativo y pesimista —"vanidad de vanidades, todo es vanidad"—, ningún lector sacará como conclusión que el único capítulo que merece la pena leer y aplicar es el último, el que ofrece las últimas y positivas conclusiones de Salomón. Todo el libro fue inspirado por el Espíritu Santo, para que sirva de fuente vital de sabiduría práctica. Piense por un momento en Eclesiastés 3:1-8, un famoso pasaje que nos enseña que "todo tiene su tiempo". Piense cuidadosamente también, en las instrucciones que el Predicador ofrece sobre sabiduría espiritual: "...Teme a Dios, y guarda sus mandamientos; porque esto es el todo del hombre" (Ec. 12:13).

Aplicación personal

Todas las observaciones de Salomón se conservan en el libro de Eclesiastés con un propósito: que busque la verdadera felicidad solo en Dios. Salomón no está intentando destruir sus esperanzas. Más bien las está dirigiendo hacia el único que puede hacerlas posibles. Salomón confirma el valor del conocimiento, las relaciones, el trabajo y los placeres, pero nos muestra que solo se puede dar uno cuenta de su valor dándoles la prioridad adecuada y teniendo en mente la eternidad.

Lecciones para la vida en Eclesiastés

▸ Todas las actividades de su vida deberían ser vistas y medidas teniendo en mente la eternidad.

▸ Nada en esta vida aporta auténtico significado y felicidad, ni la riqueza ni la fama, ni los placeres, ni el éxito. Solo en Dios, uno se puede sentir realmente completo.

▸ ¡Usted puede confiar en menos cosas de las que cree!

▸ La felicidad auténtica solo se consigue obedeciendo a Dios.

Dónde encontrarlo

Todo es vanidad

- Vivir sin Dios
- Acumular riqueza
- No escuchar la autoridad de Dios
- Ignorar el momento adecuado de Dios
- Confiar en la sabiduría del hombre
- Desear los placeres

Cantar de los cantares

Mi amado es mío, y yo suya...
(2:16)

☘

Tema: Amor y matrimonio
Fecha: 971-965 a.c.
Autor: Salomón
Lugar: Al principio del reinado de Salomón

Este es el último de los tres libros escritos por Salomón, todos incluidos en los libros sapienciales de la Biblia. Observe estos libros teniendo esto en mente: Eclesiastés fue escrito por Salomón cuando era anciano y refleja su pasado. La mayoría de los Proverbios están escritos en la madurez de Salomón, cuando todavía estaba centrado en Dios y en compartir la sabiduría de Dios con los demás. Pero en el Cantar de los Cantares, el joven Salomón está escribiendo una canción de boda para describir su amor por una hermosa campesina llamada la sulamita y su matrimonio con ella (Cnt. 6:13). Esta canción recoge el diálogo entre una joven judía y su "amado", el rey de Israel.

Esquema

▶ **Capítulos 1–3**   *El cortejo*

Esta "canción" se inicia en el banquete nupcial cuando la novia piensa en cuánto ama al novio, recordando cómo se conocieron, el deseo que siente hacia él y todos los maravillosos recuerdos románticos de su cortejo. Recuerda la expectación ante la llegada de su amado para llevarla a Jerusalén para su boda. Mientras reflexiona, hay breves interludios de Salomón y un coro de mujeres jóvenes a las que se llama "hijas de Jerusalén" (ver por ejemplo 1:5).

> **Capítulos 3–5:1** *Los preparativos de la boda*

En esta sección, el rey es el que habla la mayor parte del tiempo. Viene a por su novia, en todo su esplendor, y la trae a Jerusalén. Al igual que la novia habla con admiración y deseo de su novio en los primeros capítulos, Salomón habla con poética belleza de su novia en esta sección que anticipa su unión. Se celebra la boda, y la pareja consuma su unión.

> **Capítulos 5:2–8** *El matrimonio*

Algún tiempo después de la boda, la sulamita se despierta en la mitad de su sueño porque su esposo inesperadamente regresa a casa deseoso de darle una romántica sorpresa. Cuando se da cuenta de que en verdad no se trata de un sueño y se levanta para dejarlo entrar, él se ha ido. Ella se asusta y trata con desesperación de buscarlo. Pide a las "hijas de Jerusalén" que la ayuden a encontrarlo. Ellas le piden que recuerde lo especial que es, lo cual ella hace de buena gana. Más tarde ambos se encuentran y pasan lo que queda del libro cantándose alabanzas uno a otro y declarándose mutuamente su amor.

Mensaje principal

El mundo quiere distorsionar lo que Dios ha creado y dicho que es bueno. El sexo ha sido manipulado y explotado, y se ha convertido en una actividad ilícita, casual y de autogratificación. El amor se ha convertido en concupiscencia, se ha cambiado el dar por el recibir, y el compromiso del matrimonio se ha abandonado a favor del "vivir juntos". Afortunadamente, esta poética canción de matrimonio ofrece la perspectiva de Dios sobre el amor, el sexo y la vida conyugal. Celebra el gozo y la intimidad que forma una relación romántica entre un esposo y una esposa. Revela la importancia de comunicar verbalmente el amor a la esposa. Se describe de forma tan hermosa el afecto entre el esposo y la esposa que muchos estudiosos de la Biblia han hecho un paralelismo con el gran amor que Jesucristo muestra hacia su novia, la Iglesia.

Aplicación personal

Este libro de inspirada poesía puede ofrecerle un modelo de las intenciones de Dios para el amor y el matrimonio. El amor es una expresión poderosa de los sentimientos y el compromiso entre dos personas. No solo aprecia la belleza física externa, sino que busca las cualidades interiores que nunca se desvanecen con el tiempo: el compromiso espiritual, la integridad, la sensibilidad y la sinceridad. Por lo tanto, un amor así no se debe considerar de una forma casual, y la expresión física de este tipo de verdadero amor debería posponerse hasta el matrimonio. Y después de este, el amor interno genuino es lo que impedirá que se alcen muros entre usted y su esposo o esposa. Es un amor que comunica, reconcilia, renueva y refresca con cuidado.

Lecciones para la vida en el Cantar de los cantares

▶ Dios se alegra del amor romántico y apasionado entre esposos.

▶ Una pareja debería expresar abiertamente su amor y admiración mutua.

▶ El matrimonio, con todos sus malos entendidos, es una obra activa.

▶ Un esposo y una esposa honran a Dios cuando se aman y disfrutan juntos.

▶ El amor de Cristo a su Iglesia es similar a la clase de pasión que el novio y la novia sienten uno hacia el otro.

Dónde encontrarlo

Ayuda para esposos y esposas

1. Dejen a los demás y aférrense uno a otro .... Génesis 2:24

2. Sean fieles a su pareja .... Proverbios 5:15

3. Recuerden que dos son mejor que uno .... Eclesiastés 4:9-10

4. Gocen juntos de la vida .... Eclesiastés 9:9

5. Hónrense y prefiéranse el uno al otro .... Romanos 12:10

6. El lecho del matrimonio no se debe mancillar .... Hebreos 13:4

7. Recuerden que son coherederos de la
   gracia de la vida .... 1 Pedro 3:7

Los libros proféticos

⚛

Los siguientes 17 libros de la Biblia comprenden alrededor de la cuarta parte de las Escrituras y forman la última división en el Antiguo Testamento: los profetas. El oficio de *profeta* fue instituido durante los días de Samuel, y los que eran profetas permanecían con los sacerdotes como representantes especiales de Dios. Los hombres que escribieron estos libros fueron llamados o designados para "representar" a Dios mismo. Él les daba sus mensajes de diversas maneras, como sueños, visiones, ángeles, naturaleza, milagros y una voz audible. Desdichadamente, los mensajes que comunicaban a menudo eran rechazados, y sus vidas se ponían en peligro. Los libros proféticos tienen cuatro temas y propósitos principales:

1. Exponer las prácticas pecadoras de las personas.

2. Hacer un llamamiento para que el pueblo vuelva a la ley moral, civil y ceremonial.

3. Advertir del juicio que viene.

4. Anticipar la venida del Mesías.

Isaías

Todos nosotros nos descarriamos como ovejas,
cada cual se apartó por su camino;
mas Jehová cargó en él
el pecado de todos nosotros.
(53:6)

Tema: Salvación
Fecha: 700-680 a.c.
Autor: Isaías
Lugar: Principalmente en Jerusalén

El libro de Isaías es el primero de los escritos por los profetas. Generalmente, se considera a Isaías como el profeta más grande. Su ministerio se extendió a los reinados de cuatro reyes de Judá. Fue criado en un hogar aristocrático y se casó con una profetisa. Al principio era muy querido, pero como muchos otros profetas, pronto fue despreciado porque sus mensajes eran muy duros y atrevidos. En los primeros 39 capítulos, Isaías resalta la rectitud, santidad y justicia de Dios. Es interesante señalar que el Antiguo Testamento también tiene 39 libros. Los últimos 27 capítulos de Isaías representan la gloria, compasión y gracia de Dios; un tema similar a los 27 libros del Nuevo Testamento.

Esquema

▶ **Capítulos 1–12** *Juicio a Judá*

La condición espiritual de Israel se ha deteriorado hasta el punto de que el pueblo está ofreciendo sacrificios de niños. Aunque dicen ser religiosos, sus corazones están corruptos y practican la idolatría.

Isaías advierte repetidamente a Israel y Judá de la llegada de un castigo si no abandonan sus malas formas de actuar.

▶ **Capítulos 13–24** *Juicio a las naciones*

Una de las razones clave para el declive espiritual de Israel es que el pueblo imita los malvados estilos de vida de las naciones que los rodean. Se hacen advertencias contra Babilonia, Filistea, Moab, Egipto y Etiopía, entre otras. Para llevar a cabo el juicio contra los pecados de las naciones, Dios confirma que su soberanía domina toda la tierra. Al final se hará justicia, y nadie podrá escapar de ella.

▶ **Capítulos 25–35** *Juicio y redención*

Ya cerca de la mitad del libro, Isaías comienza a intercalar palabras de esperanza entre las palabras de condena. Dios revela los primeros trazos de su plan para hacer que su pueblo regrese a Él y restaurarlos.

▶ **Capítulos 36–39** *Interludio con Ezequías*

En medio de las poderosas declaraciones de Isaías sobre el juicio venidero, hay una historia inspiradora sobre Ezequías, un rey de Judá (el reino del sur). Al principio Ezequías escucha el consejo de Isaías de confiar en Dios cuando Judá sufre la amenaza del ejército asirio. Claro está, Dios interviene y destruye al enemigo. Más tarde, cuando Ezequías se enferma gravemente, Isaías le dice que no se recuperará. El rey suplica misericordia a Dios, y este le concede 15 años más de vida.

▶ **Capítulos 40–66** *Redención y futura gloria*

Aunque el juicio al pueblo de Dios es inminente y será severo, este no es el fin de la historia. El pueblo puede contar con la promesa de Dios de que un día los restaurará y los liberará. Él perdona libremente a todos los que se arrepienten de su pecado, e Isaías predice que al final Israel se arrepentirá, y su gloria será restaurada.

Mensaje principal

El tema básico de este libro lo encontramos en el nombre de Isaías, que significa "la salvación es del Señor". La palabra *salvación* aparece 26 veces en Isaías, pero solo 7 en todos los demás profetas juntos. En los primeros 39 capítulos, se presenta al hombre con una gran necesidad de salvación, una salvación que es de Dios, no del hombre. Isaías describe a Dios como el supremo Dirigente, el Señor soberano de la historia, el único Salvador de la humanidad. Después en un cambio dramático, los 27 últimos capítulos representan a un Dios fiel a su pacto que conserva a un grupo de personas piadosas y proporciona salvación y liberación por medio del Mesías que va a venir. El hecho de que el Mesías es a la vez un siervo sufriente y un Señor soberano no se comprenderá hasta el momento en que Jesús esté en la tierra. Este Salvador vendrá de la casa de Judá y traerá con él la bendita redención y restauración universal para judíos y gentiles en su futuro reino.

Aplicación personal

El juicio de Dios está llegando, y usted necesita un Salvador. No se puede salvar a sí mismo. En Isaías se predice y se presenta el perfecto sacrificio de Cristo por sus pecados. Tal como Isaías predijo, Cristo vino en carne y pagó el precio por el pecado con su muerte. Con su resurrección, ahora está dispuesto a salvar a todos los que le den la espalda al pecado y acudan a Él. ¿Se ha comprometido usted con Él? Si ha experimentado su salvación, continúe siendo fiel y viva esperando su cercano regreso.

Lecciones para la vida en Isaías

▸ Dios es un Dios santo. No puede pasar por alto el pecado.

▸ Dios conoce el futuro. Su juicio, como predijo Isaías, fue llevado a cabo perfectamente.

▸ Dios es amor. Él es misericordioso y perdona cuando nos arrepentimos.

▸ Dios siempre mantiene sus promesas. Él cumplirá el plan que tiene para usted y para la futura salvación de Israel.

▸ Las profecías sobre el sufrimiento de Cristo en la cruz se cumplieron totalmente e hicieron posible que usted formara parte de la eterna familia de Dios.

Dónde encontrarlo

Predicción del nacimiento de Jesús............................Isaías 7:14

Enfermedad y recuperación de Ezequías.......................Isaías 38

Descripción del siervo sufriente .... Isaías 49—57

Profecía de la muerte de Cristo en la cruz .... Isaías 53

El lobo y el cordero apacentados juntos .... Isaías 65:25

Descripción de Cristo y su sufrimiento en Isaías 53

Versículo 2: Sin atractivo y no deseable

Versículo 3: Despreciado y desechado, un varón de dolores

Versículo 4: Llevó nuestras enfermedades y nuestros dolores

Versículo 5: Herido, molido, castigado por nuestras rebeliones

Versículo 6: Cargó con la culpa y el pecado de todos

Versículo 7: Como cordero fue llevado al matadero

Versículo 8: Quitado de la tierra para su muerte

Versículo 9: Murió entre los impíos, pero fue enterrado con los ricos

Versículo 10: Sufrió siguiendo el buen plan de Dios

Versículo 12: Derramó su vida hasta la muerte y fue contado con los pecadores

Jeremías

Mejorad ahora vuestros caminos y vuestras obras,
y oíd la voz de Jehová vuestro Dios, y se arrepentirá
Jehová del mal que ha hablado contra vosotros.
(26:13)

Tema: Juicio
Fecha: 627-586 a.c.
Autor: Jeremías
Lugar: Jerusalén

Unos 80 o 100 años después de la muerte de Isaías, Jeremías entra en la escena profética. Este libro es una autobiografía de la vida y el ministerio de Jeremías durante el reinado de los últimos cinco reyes de Judá. Jeremías es el último profeta antes de la caída de Jerusalén. Se le conoce como "el profeta llorón" por su profunda pena por la nación que no se arrepentía, la próxima destrucción de Jerusalén y el exilio de su pueblo. Jeremías es un ejemplo de fidelidad hacia Dios y de gran sacrificio personal a pesar de la tremenda oposición. Jeremías proclama no solo las palabras de advertencia, sino también las de ánimo cuando confirma las promesas de Dios de transformar a su pueblo renovando sus corazones.

Esquema

▶ **Capítulo 1** *Dios llama a Jeremías*
Jeremías es llamado y apartado para ser profeta de Dios incluso antes de su nacimiento. Este primer capítulo identifica al profeta,

certifica que ha sido comisionado por Dios, y resume sus instrucciones y la protección que Él le ha dado.

▶ **Capítulos 2–45** *El juicio de Dios sobre Judá*

Los mensajes de Jeremías se comunican mediante parábolas y demostraciones prácticas. Algunas se proclamaban en el templo, y otras en las calles. La misma vida del profeta servía también como recordatorio diario de que se aproximaba el juicio a Judá. Dios le dijo que se cortara el cabello, que se ciñera con un cinto de lino, que no se casara ni tuviese familia, que colocase dos cestas de higos —una con higos buenos y otra con malos— ante el templo, y que se pusiera un yugo en el cuello y fuera por toda la ciudad. Todos estos efectos visuales pretenden advertir al pueblo sobre el juicio inaplazable si la nación no se arrepiente.

Como el mensaje de Jeremías no es tenido en cuenta, llega el juicio sobre Judá en el capítulo 39, y la ciudad es destruida. Los judíos que escapan de la destrucción llevan a Jeremías a Egipto en contra de su voluntad. Él advierte a estos pocos sobrevivientes que no vayan a Egipto, porque también será invadido por Babilonia y perecerán allí. Desdichadamente, ellos no escuchan.

▶ **Capítulos 46–51** *Juicio de Jehová sobre las naciones*

En Jeremías 25, el profeta proclama que todas las naciones alrededor de Judá tendrán que "beber la copa" de la ira de Dios. Los capítulos 46—51 incluyen una serie de oráculos proféticos contra las nueve naciones que se enfrentan al juicio de Dios. Estas profecías probablemente le fueron dadas a Jeremías en distintos momentos. Ahora se recogen y se exponen por naciones: Egipto, Filistea, Moab, Amón, Edom, Damasco (Siria), Arabia, Elam y Babilonia.

▶ **Capítulo 52** *Juicio de Dios sobre Jerusalén*

Los 40 años de Jeremías y su actividad profética terminan con la captura, la destrucción y el despojo de Jerusalén. Los líderes son asesinados, y los sobrevivientes son llevados a Babilonia. Este capítulo es una revisión de la caída de la ciudad y un suplemento histórico del relato que se ofrece en el capítulo 39. Confirma la exactitud de las profecías de Jeremías sobre Jerusalén y Judá.

Mensaje principal

La mayoría de las personas considera que el éxito es conseguir riqueza, popularidad, fama o logros. Según estos criterios, Jeremías fue un auténtico fracaso. Durante 40 años sirvió como portavoz de Dios y animó apasionadamente al pueblo a regresar a Él, pero nadie escuchó, especialmente los reyes. No tenía dinero, no tenía amigos, y su familia lo rechazaba. A los ojos del mundo, Jeremías no tuvo éxito, pero a los ojos de Dios, él fue uno de los hombres de más éxito de la historia de la Biblia. ¿Por qué? Porque el éxito para Dios implica obediencia y fe. Jeremías obedeció a Dios y, a pesar de la dura oposición y del gran sacrificio personal, se comprometió a cumplir el llamamiento divino para su vida.

Aplicación personal

No debe medir su éxito por la aceptación o el rechazo de las personas. Debe vivir una vida que honre y glorifique a Dios a pesar de las tentaciones y las presiones que puedan inducirlo a hacer lo contrario. El único criterio para su vida y su servicio debería ser la aprobación de Dios.

Lecciones para la vida en Jeremías

▶ Debería ver el éxito desde la perspectiva de Dios, no del mundo.

▶ Comprométase a tener éxito a los ojos de Dios.

▶ La fe en Dios requiere su obediencia, incluso cuando deben tomarse decisiones difíciles.

▶ Cuando llegue el momento, Dios le dará el valor necesario para defender sus creencias.

▶ Es de esperar ser perseguido y rechazado cuando se lleva un estilo de vida piadoso.

Dónde encontrarlo

El renuevo de David .... Jeremías 23:5-6

70 años de exilio predicho ....Jeremías 25:11-12

El tiempo de angustia para Jacob ....Jeremías 30:7

El nuevo pacto ....Jeremías 31:31-33

La respuesta al ministerio de Jeremías

Amenazas de muerte	Aislamiento
Quema del mensaje profético	Prisión
Puesto en el cepo	Rechazo
Arrestado	Hambre
Retado por falsos profetas	Cadenas

Los pactos irrevocables de Dios

El pacto noéico: Génesis 9:8-17

El pacto abrahámico: Génesis 15:12-21

El pacto levítico: Números 25:10-13

El pacto davídico: 2 Samuel 7:13; 23:5

El nuevo pacto: Jeremías 31:31-34

Lamentaciones

Mis ojos desfallecieron de lágrimas, se conmovieron
mis entrañas… a causa del quebrantamiento
de la hija de mi pueblo.
(2:11)

☖

Tema: Lamento
Fecha: 586 a.c.
Autor: Jeremías
Lugar: Jerusalén

El libro de Lamentaciones contiene cinco poemas que describen el testimonio de Jeremías sobre la destrucción de Jerusalén por el ejército de Babilonia. Jeremías predijo este desastre en su anterior libro profético, el que lleva su nombre. Ahora escribe cinco poemas funerarios para expresar su dolor. Pero al igual que en su otro escrito, Jeremías recuerda a los lectores que Dios no ha abandonado a su pueblo ni lo hará. Él es fiel, y su misericordia sigue a disposición de los que responden a su llamado.

Esquema

▶ **Capítulo 1** *El primer lamento: la desolación de Jerusalén*

En el primer poema o lamento, Jeremías describe la ciudad de Jerusalén arruinada por los enemigos. La desolación, dice el Señor, no es accidental o el resultado de la mala suerte. Más bien, Dios ha enviado un castigo sobre su pueblo porque ellos han abandonado sus caminos.

▶ **Capítulo 2** *El segundo lamento: la ira de Dios ante el pecado*

Jeremías pasa del tema de la desolación de Jerusalén a un relato de primera mano sobre su destrucción. Se describe la ira de Dios por los pecados, seguida de otra ronda de lamentos profundos del profeta.

▶ **Capítulo 3** *El tercer lamento: esperanza en medio de la aflicción*

De la profunda pena de Jeremías, surge un rayo de esperanza. La compasión de Dios siempre está presente, y su fidelidad es grande. Jeremías se da cuenta de que solo la misericordia de Dios ha evitado la aniquilación total.

▶ **Capítulo 4** *El cuarto lamento: la ira de Dios detallada*

El profeta describe el cerco a Jerusalén y recuerda el sufrimiento y el hambre de ricos y pobres. Repasa las causas del cerco, especialmente los pecados de los sacerdotes y los falsos profetas de Jerusalén. Termina este lamento con una advertencia de castigo sobre la nación de Edom.

▶ **Capítulo 5** *El quinto lamento: una oración por la restauración*

Jeremías concluye este triste libro con una oración para que Dios, en su misericordia, recuerde a su pueblo y restaure y restablezca el reino de Israel.

Mensaje principal

Hay tres temas en los cinco lamentos de Jeremías. El más destacado es el llanto por la destrucción de Jerusalén. En su pena, Jeremías llora por sí mismo, por el pueblo que sufre y a veces por la ciudad como si fuera una persona. El segundo tema es la confesión del pecado de Jeremías y el reconocimiento de que el juicio de Dios a la nación es justo y santo. El tercer tema es la esperanza de la restauración futura de su pueblo prometida por Dios. Él ha descargado su ira, pero en su misericordia, no deja de ser fiel a las promesas de su pacto.

Aplicación personal

A la mayoría de nosotros no nos gusta mostrar nuestras emociones, especialmente con lágrimas. Pero lo que hace a una persona llorar dice mucho de ella. En el caso de Jeremías, las lágrimas son debido al sufrimiento del pueblo de Dios y a su rebelión contra su Dios. ¿Qué lo hace llorar a usted? ¿Llora porque alguien lo ha insultado o porque alguien ha insultado a Dios? ¿Llora porque ha perdido algo que le daba placer o porque quienes lo rodean está perdidos y sufrirán eternamente por su pecado? El mundo está lleno de injusticia, sufrimiento y rebelión contra Dios; todo ello debería hacerlo llorar y actuar.

Lecciones para la vida en Lamentaciones

▶ El apenado lamento por las desdichas y los sufrimientos de los demás es una forma válida de oración, algo que Dios escucha y a lo que responde.

▶ Cuando una nación —o una persona— le da la espalda a Dios, esto acarrea serias consecuencias.

▶ Puede estar tranquilo sabiendo que Dios es fiel y misericordioso.

▶ La oración siempre es adecuada en los momentos de sufrimiento.

Dónde encontrarlo

Los escritos de Jeremías

El libro de Jeremías mira hacia delante...   advirtiendo.

El libro de Lamentaciones mira hacia atrás...   llorando.

Ezequiel

Y me levanté y salí al campo;
y he aquí que allí estaba la gloria de Jehová,
como la gloria que había visto junto al río Quebar;
y me postré sobre mi rostro.
(3:23)

&

Tema: La gloria del Señor
Fecha: 590-570 a.c.
Autor: Ezequiel
Lugar: Babilonia

Mientras que Jeremías está profetizando en Jerusalén que la ciudad pronto caerá a manos de Babilonia, Ezequiel está dando un mensaje similar a los cautivos que ya están en ese país. Al igual que el pueblo de Jerusalén, los cautivos tampoco creyeron que Dios permitiría que Jerusalén fuera destruida. Después que llegan las noticias de la caída, Ezequiel cambia sus mensajes por uno de esperanza en el futuro y de restauración del pueblo. A lo largo del libro, el profeta describe sus encuentros con la gloria de Dios, ya sea en su gloria celestial o en su gloria terrenal, en el templo del pasado o en el predicho para el futuro.

Esquema

▶ **Capítulos 1–3**   *El llamamiento de Ezequiel*

La conquista de Jerusalén se hace por etapas, y los judíos son llevados como cautivos en tres deportaciones (ver página 59). Ezequiel, un sacerdote, es llevado a Babilonia en la segunda deportación, en 597 a.c. Mientras está allí, tiene una visión de la gloria celestial de Dios. En la visión, Dios le ordena que se haga profeta para los judíos que viven en Babilonia. También le advierte claramente que el pueblo es rebelde y no escuchará su mensaje.

▶ **Capítulos 4–24**   *El juicio de Jerusalén*

El juicio de Dios al pueblo de Judá y Jerusalén ya está en marcha, con muchos judíos llevados cautivos a Babilonia. Mediante Ezequiel, Dios continúa advirtiendo a las personas sobre la destrucción de Jerusalén y los anima a abandonar sus malos caminos. Ezequiel anuncia que la gloria de Dios dejará el templo, y que el templo será destruido.

▶ **Capítulos 25–32**   *El juicio de las naciones*

Después de pronunciar el juicio sobre Jerusalén, Ezequiel continúa pronunciando el castigo de Dios sobre algunas de las naciones enemigas de los alrededores de Jerusalén. Estos juicios confirman el poder soberano de Dios sobre todos los reinos y las naciones.

▶ **Capítulos 33–39**   *La restauración del pueblo de Dios*

Ezequiel anuncia la caída de Jerusalén y llama al arrepentimiento a los judíos. Aunque la ciudad y el templo están ahora en ruinas, este no es el fin. Si el pueblo está dispuesto a abandonar su rebelión contra Dios, Él lo traerá de nuevo a su tierra.

▶ **Capítulos 40–48**   *La restauración del culto*

Dios da a Ezequiel una visión del futuro espiritual de Israel y de un nuevo templo glorioso que verá el regreso de la gloria del Señor. Dios promete restaurar a su pueblo y traerlo de vuelta hacia Él.

Mensaje principal

Ezequiel pone un gran énfasis en la soberanía, gloria y fidelidad de Dios, y la mayor parte del libro se centra en el templo de Jerusalén con su perversión, destrucción y futuro restablecimiento, así como su conexión con la gloria de Dios. A lo largo de sus mensajes, Ezequiel resalta una y otra vez la declaración del Señor de que todas las cosas que van a ocurrir sucederán para que las personas sepan "que yo soy Jehová". Todo lo que hace Dios —pasado, presente o futuro, ya sea en gracia o en juicio— revela su gloria.

Aplicación personal

La gloria de Dios es perfectamente visible para cualquiera que desee mirar hacia el cielo (Sal. 19:1). Su gloria es visible en la preservación del pueblo del pacto y en su prometida restauración. Es visible en los planes que ha hecho para su futuro templo y la venida de su reino. Y es visible en su gracia hacia los pecadores arrepentidos durante la época de la Iglesia. Se debe alabar y adorar a Dios gloriosamente. Solo el pensamiento mismo de su gloria debería impulsarlo a realizar en su vida los cambios que le ayuden a reflejar mejor su naturaleza.

Lecciones para la vida en Ezequiel

▶ Dios normalmente no utiliza a una persona pecadora y rebelde. Mediante la disciplina, puede purificar a esa persona y llamarla hacia un nuevo comienzo.

▶ Dios disciplina cuando es necesario, pero siempre deja una puerta abierta para la restauración.

▶ Dios tiene el control sobre todos los pueblos y las naciones.

▶ Dios controla soberanamente cada detalle de su vida, lo cual debería ser muy reconfortante para usted.

Dónde encontrarlo

Cómo representó Ezequiel sus profecías

- Permaneció en casa, atado y mudo.
- Utilizó una tabla de adobe y una plancha de hierro.
- Se acostó 390 días sobre el lado izquierdo y 40 sobre el derecho.
- Comió de manera impura.
- Se rapó la cabeza y la barba.
- Empaquetó una bolsa y la enterró en un muro.
- No pudo llorar cuando murió su esposa.
- Unió dos palos.

Daniel

*...el Altísimo Dios tiene dominio sobre el reino
de los hombres, y pone sobre él al que le place.*
(5:21)

Tema: La soberanía de Dios
Fecha: 530 a.c.
Autor: Daniel
Lugar: Babilonia

Al libro de Daniel se lo llama "el Apocalipsis del Antiguo Testamento". Está escrito para animar a los judíos exiliados revelándoles el programa soberano de Dios para Israel durante el periodo de dominación gentil y después de este. Los "tiempos de los gentiles" (Lc. 21:24) comienzan con la cautividad babilónica. Los judíos sufrirán bajo el poder de estos durante largo tiempo. Pero este periodo no es permanente, y llegará el momento en el que Dios establecerá el reino mesiánico, que durará para siempre. Daniel enfatiza repetidamente la soberanía y el poder de Dios sobre los asuntos humanos. Como Daniel —"muy amado"— es un personaje tan estelar, Dios le da una visión del futuro solo emulada por las visiones del apóstol Juan en el libro del Apocalipsis.

Esquema

▶ **Capítulos 1–6** *Vida de Daniel*

En las tres primeras deportaciones (página 59), Daniel, que muchos creen que en aquel tiempo era un adolescente, es llevado cautivo a Babilonia con otros jóvenes de Jerusalén, incluidos sus amigos Sadrac, Mesac y Abed-nego. El rey Nabucodonosor y los babilonios quieren entrenar a estos cuatro judíos para que formen parte de su cultura pagana. Sin embargo, los cuatro se mantienen firmes frente a una gran presión y continúan así con el paso del tiempo. Dios honra a estos jóvenes por su valor; por ejemplo, en un momento dado, Daniel es salvado de un foso de hambrientos leones, y en otra ocasión los amigos de Daniel son librados de la muerte en un horno de fuego. Dios también permite que Daniel interprete el sueño de Nabucodonosor de una estatua que representa a los cuatro reinos principales de la tierra que gobernarán el mundo hasta el momento de la venida de Cristo. La integridad y sabiduría de Daniel se ganan el respeto de Nabucodonosor, quien lo coloca en un alto puesto del gobierno.

▸ **Capítulos 7–12**   *Visiones de Daniel*

Daniel tiene cuatro visiones sobre el futuro de Israel y el mundo. Él proclama la famosa profecía de las "setenta semanas", la cual incluye la mención a los siete años de tribulación que marcarán los últimos días, y proporciona detalles sobre la identidad del anticristo y la restauración final de Israel.

Mensaje principal

La vida de Daniel es rica en experiencias históricas y honores terrenales. Llevado cautivo a Babilonia cuando era un adolescente, Daniel pasa más de 70 años de servicio público en una nación llena de idolatría y maldad. A pesar de lo que lo rodea, Daniel vive una vida piadosa y ejerce una extraordinaria influencia en los tres reinos: Babilonia, Media y Persia. Durante estos años, se podría haber desesperado. Podría haber pensado que Dios lo había abandonado. Podría haber lamentado: "¿Dónde está Dios?". En lugar de rendirse o abandonar, este hombre valiente se aferra a su fe en Dios. Daniel entiende que a pesar de las circunstancias, Dios es soberano y lleva a cabo su plan para todas las naciones, reyes e individuos.

Aplicación personal

Daniel y sus tres amigos son ejemplos inspiradores de cómo vivir una vida piadosa en un mundo impío. Asegúrese de que sus distintivos cristianos no se ven ensombrecidos por el compromiso con el mundo que lo rodea. Sea fiel en el estudio de la Palabra de Dios, fortalezca su vida de oración y mantenga su integridad. De esa manera, como Daniel, tendrá una influencia destacada sobre los que lo rodean, empezando por su familia.

Lecciones para la vida en Daniel

▸ Dios es soberano sobre toda la historia. Los reinos se alzan y se derrumban según su plan.

▸ Dios lo honra cuando usted defiende lo que es correcto.

▸ Dios castiga el pecado.

▸ Dios ya tiene un plan para el futuro, y como es soberano, sucederá.

Dónde encontrarlo

El horno de fuego .... Daniel 3

La escritura en la pared .... Daniel 5

Daniel en el foso de los leones .... Daniel 6

La visión de Daniel de las cuatro bestias .... Daniel 7

Profecía de las setenta semanas .... Daniel 9

Los cuatro reinos de la estatua de Nabucodonosor

Parte del cuerpo	Material	Imperio
Cabeza	Oro	Babilonio
Pecho y brazos	Plata	Medo-persa
Vientre y muslos	Bronce	Griego
Piernas y pies	Hierro y arcilla	Romano

Los reyes a los que sirvió Daniel

Rey Nabucodonosor de Babilonia	Capítulos 1—4
Belsasar de Babilonia	Capítulos 5, 7—8
Darío de Medo-Persia	Capítulos 6, 9
Ciro de Medo-Persia	Capítulos 10—12

Oseas

La sembraré para mí en la tierra, y tendré
compasión de la que no recibió compasión,
y diré al que no era mi pueblo: Tú eres mi pueblo,
y él dirá: Tú eres mi Dios.
(2:23, BLA)

Tema: Infidelidad
Fecha: 755-715 a.c.
Autor: Oseas
Lugar: Reino del norte

Oseas es el siguiente libro profético y es el primero de una serie de 12 libros denominados "Profetas menores", no debido a su menor importancia, sino a su tamaño. Cada uno de los profetas menores lleva el nombre de su autor. El ministerio de Oseas comienza durante un tiempo de prosperidad en el reino del norte. Pero la prosperidad solo es externa. Interiormente, el pueblo es idólatra y malo. En menos de 30 años, Israel y su capital, Samaria, caerán.

El libro de Oseas detalla la infeliz unión doméstica entre un hombre y su infiel esposa, Gomer. Su historia sirve como paralelismo claro de la lealtad de Dios y el adulterio espiritual de Israel. Enfatizando su pena, Oseas, cuyo nombre significa "salvación", expone los pecados de Israel y los contrasta con la santidad de Dios. La nación debe ser juzgada por su pecado, pero en el futuro será restaurada gracias al amor y la fidelidad de Dios. Oseas ha sido denominado el profeta de la restauración y el libro que lleva su nombre expresa la voluntad de Dios de restaurar a los infieles.

Esquema

▶ **Capítulos 1–3** *El adulterio de Israel y la fidelidad de Dios*

Dios le ordena a Oseas que se case con Gomer y tenga hijos con ella. Ella es infiel y comete adulterio. Su infidelidad es representativa de la infidelidad de Israel a Dios. Pero al igual que Oseas muestra un amor paciente hacia Gomer, Dios sigue amando a su pueblo incluso en medio de su inmoralidad y rebelión. Oseas redime a su esposa de la esclavitud y la coloca de nuevo en su puesto de esposa. De forma similar, la idólatra e infiel Israel será completamente restaurada en su relación con Dios algún día.

▶ **Capítulos 4–7** *La culpa de Israel*

Debido a su dolorosa experiencia con Gomer, Oseas puede entender mejor la pena de Dios por su pueblo infiel. A pesar de que Israel ha endurecido su corazón ante el último llamamiento al arrepentimiento que Dios misericordiosamente ha realizado, para Él sigue siendo el momento de sanar y redimir a su pueblo. Sin embargo, ellos se mantienen con arrogancia en su rebelión.

▶ **Capítulos 8–10** *El castigo a Israel*

Estos capítulos dan el veredicto del caso que Oseas acaba de presentar sobre la pecaminosidad de Israel. La desobediencia de las personas las va a conducir al exilio y la dispersión. Israel ha rechazado el arrepentimiento, y el juicio de Dios ya no puede aplazarse más. Oseas recrimina a Israel su depravación moral, su apostasía e idolatría.

▶ **Capítulos 11–14** *La salvación de Israel*

Oseas llama al arrepentimiento a Israel y le ofrece una bendición espiritual por su regreso a la fe. Aunque el pueblo ahora está recibiendo una recriminación severa, va a llegar el día en el que recibirá una gran bendición.

Mensaje principal

Más que ningún otro profeta del Antiguo Testamento, la experiencia personal de Oseas ilustra su mensaje profético. Siente una compasión real por el pueblo de Dios. También el sufrimiento personal por la infidelidad de su esposa le hace comprender la pena de Dios ante el pecado de Israel. Por lo tanto, las palabras de Oseas sobre el futuro juicio están expresadas con firmeza, aunque suavizadas con un corazón afectuoso. La ternura de este profeta ilustra la fidelidad, el amor y el perdón de Dios en contraste con la corrupción y apostasía de Israel. Con gran preocupación, Oseas suplica en nombre de Dios para que el pueblo regrese a Él, pero ellos no lo hacen.

Aplicación personal

Como Oseas, usted también puede experimentar momentos de sufrimiento físico y emocional. Sin embargo, en lugar de amargarse, puede permitir que Dios utilice su sufrimiento para reconfortar a otros en su dolor. Esto es lo que hay en el fondo del mensaje de Pablo cuando escribe: "Pero si somos atribulados, es para vuestra consolación y salvación; o si somos consolados, es para vuestra consolación y salvación, la cual se opera en el sufrir las mismas aflicciones que nosotros también padecemos" (2 Co. 1:6).

Lecciones para la vida en Oseas

▶ Dios ama a su pueblo a pesar de sus pecados y faltas.

▶ Puede contar con la fidelidad de Dios, incluso aunque usted sea infiel.

▶ El arrepentimiento es el primer paso en el camino de regreso a la relación con Dios.

▶ Dios le dará la fuerza necesaria para resistirse a la seducción del mundo.

Dónde encontrarlo

Orden cronológico y fechas aproximadas de los profetas menores

Abdías	840 a.C.	Nahúm	660 a.C.
Joel	835	Sofonías	625
Jonás	760	Habacuc	607
Amós	755	Hageo	520
Oseas	740	Zacarías	515
Miqueas	730	Malaquías	430

Joel

...convertíos a Jehová vuestro Dios;
porque misericordioso es y clemente,
tardo para la ira y grande en misericordia,
y que se duele del castigo.
(2:13)

☩

Tema: El día de Jehová
Fecha: 835-796 a.c.
Autor: Joel
Lugar: Judá/Jerusalén

Como no se recogen sucesos específicos en el libro de Joel, aparte de la invasión de langostas, es difícil determinar cuándo fue escrito este libro. Sin embargo, Joel parece ser uno de los primeros profetas de Judá. Vivió y ejerció su ministerio en Judá más o menos al mismo tiempo que Eliseo y Jonás en el reino del norte de Israel. Joel predice que la tierra será invadida por un ejército terrorífico que hará que la reciente plaga de langostas parezca algo de poca importancia. En nombre de Dios, pide al pueblo que se arrepienta y les advierte del inminente desastre.

Esquema

▶ **Capítulo 1** *La plaga de langostas*

Israel experimenta una plaga de langostas que trae la desolación a la tierra. Joel explica que esto es una anticipación del inminente "día de Jehová" (v. 15). A la vista de esta catástrofe, pide humildad y arrepentimiento.

> **Capítulo 2** *El día de Jehová*

Joel habla de lo que sucederá en el juicio que se acerca, cuando un ejército invada desde el norte y se produzca un gran desastre. A los que se arrepienten, se les promete que el Espíritu Santo se derramará sobre ellos.

> **Capítulo 3** *Juicio y bendición*

El Señor juzgará a las naciones, especialmente a aquellos que hayan tratado mal al pueblo escogido. Israel recibirá una bendición especial y será reavivada y restaurada.

Mensaje principal

Una sola bomba puede destruir una ciudad grande. Un único terremoto o un huracán pueden destruir civilizaciones enteras. Nos asombramos ante el poder de la naturaleza y del hombre. Pero estas fuerzas no pueden tocar el poder del Dios Todopoderoso. Desde el mismo momento en que fue cometido el primer pecado en el huerto de Edén en Génesis, el hombre ha estado rebelándose contra Dios. Ahora le toca a Judá desobedecer las leyes divinas. Como el pueblo no se arrepiente, será juzgado; tendrá su "día de Jehová". Dios permite que la rebelión continúe, pero llegará un día en el que toda rebelión será castigada.

Aplicación personal

Dios —no los invasores extranjeros, ni la naturaleza ni la economía— es el único al que todos deben tener en consideración. No se puede ignorar u ofender a Dios para siempre. Usted debe prestar atención al mensaje de su Palabra. Si no lo hace, se enfrentará al "día de Jehová" más tarde. ¿Cuál es su posición respecto a Dios y a su próximo juicio? ¿Cómo está de dispuesto para recibir el mensaje de Joel? No es demasiado tarde para pedir y recibir el perdón de Dios. El deseo más ferviente del Señor es que usted acuda a Él.

Lecciones para la vida en Joel

> Dios siempre avisa antes de enjuiciar.

> Dios envía su juicio si no hay arrepentimiento.

▶ La humildad y el arrepentimiento son necesarios para restaurar la relación con Dios.

▶ El pecado conduce al día del juicio de Dios.

Dónde encontrarlo

"El día de Jehová"

se menciona
19 veces en el Antiguo Testamento
(5 veces en Joel)
4 veces en el Nuevo Testamento.

Amós

Buscad lo bueno, y no lo malo, para que viváis;
porque así Jehová Dios de los ejércitos
estará con vosotros...
(5:14)

Tema: Castigo
Fecha: 790 a.c.
Autor: Amós
Lugar: Betel, el reino del norte

Amós es un pastor y un cultivador de higos silvestres de una zona rural del sur de Jerusalén. Dios le da la divina comisión de dejar su tierra natal y predicar un duro mensaje de juicio al reino del norte de Israel. Ofrece ocho pronunciamientos —tres sermones y cinco visiones— advirtiendo del inminente desastre por causa de la complacencia, idolatría y opresión al pobre. Pero debido a la paz y prosperidad de Israel en este periodo, su mensaje no es escuchado.

Esquema

▶ **Capítulos 1–2** *Pronunciamiento del juicio*

El profeta Amós enumera los pecados específicos de las distintas naciones y pronuncia ocho juicios sobre ellas. Después describe las trasgresiones del pueblo de Israel y Judá, y advierte de la futura destrucción y condena por parte del Señor. Entre los pecados de las naciones y de los judíos está la idolatría: adorar a falsos dioses.

► **Capítulos 3–6** *Razones para el juicio*

En estos capítulos, Amós ofrece tres sermones que exponen el pecado de Israel. Entre los problemas de esta nación, se encuentran la avaricia, los impuestos excesivos y la cruel opresión del pobre. Dios condena a aquellos que "quebrantan a los menesterosos" (4:1), aceptan sobornos y privan de justicia a los pobres (5:12). Aunque las personas dicen seguir a Dios y ofrecerle sacrificios, su hipocresía es evidente en su estilo de vida desmesurado. Hay una completa ausencia de justicia social y de moral.

► **Capítulos 7–9** *Visiones del juicio y la restauración*

Amós tiene cinco visiones que representan lo que Dios hará para castigar a Israel. No obstante a pesar de todo lo que el pueblo ha hecho mal, Dios sigue amándolos y les promete que en un futuro habrá restauración y bendiciones.

Mensaje principal

Amós no es un profeta profesional. No ha ido a una "escuela de profetas". Dice: "…No soy profeta, ni soy hijo de profeta, sino que soy boyero, y recojo higos silvestres" (7:14). Es un sencillo campesino. ¿Qué le hace tener, entonces, tanta fuerza espiritual? En su testimonio, nos da una respuesta: "Y Jehová me tomó de detrás del ganado, y me dijo: Ve y profetiza a mi pueblo Israel" (v. 15). Amós profetizó sin temor alguno con el Espíritu de Dios dentro de él (3:8).

Aplicación personal

Amós le proporciona un ejemplo excelente hoy día. Le recuerda que no tiene que estar entrenado profesionalmente para defender a Dios cuando ve la injusticia humana o el comportamiento pecaminoso; especialmente el de aquellos que dicen ser cristianos. Amós era un valiente representante de Dios no por educación o por nacimiento, sino por su obediencia al llamamiento del Señor. Usted también puede ser una persona de Dios. Escuche su llamado y haga lo que Él le pida. Después compruebe cómo el poder de Dios obra a través de usted cuando le sirve.

Lecciones para la vida en Amós

▸ Dios se preocupa por los pobres y los necesitados, y usted debería hacer lo mismo.

▸ Cada vez que tenga la oportunidad de mostrar compasión, debe hacerlo.

▸ No es correcto enriquecerse uno mismo a expensas de los demás.

▸ Si su corazón está alejado de Dios y está viviendo en desobediencia, entonces sus palabras y acciones no significan nada.

▸ La complacencia se produce casi sin darnos cuenta. Compruebe y renueve su corazón diariamente.

▸ El juicio es seguro para aquellos que ignoran a Dios.

Dónde encontrarlo

Las cinco visiones de Amós

1. Visión de las langostas (7:1-3)
2. Visión del fuego (7:4-6)
3. Visión de la plomada de albañil (7:7-9)
4. Visión de la fruta de verano (8:1-14)
5. Visión del Señor (9:1-10)

Abdías

...ni aun resto quedará de la casa de Esaú...
(v. 18)

☉

Tema: Juicio justo
Fecha: 850-840 a.c.
Autor: Abdías
Lugar: Jerusalén/Edom

Abdías, el libro más corto del Antiguo Testamento —un capítulo largo— y posiblemente el primero de los libros proféticos en ser escrito, es un ejemplo dramático de la respuesta de Dios a todo aquel que haga daño a su pueblo escogido. Edom era una nación montañosa al sudeste de Israel. Como descendientes de Esaú (Gn. 25—27), los edomitas eran parientes de sangre del pueblo de Judá. Y, de todos los pueblos, eran los primeros que deberían salir en ayuda de esta cuando fuera atacada. En su lugar, los edomitas se regodearon con los problemas de Judá. Capturaron y entregaron sobrevivientes al enemigo, e incluso saquearon la tierra. Debido a la indiferencia de Edom, el desafío a Dios y la traición hacia sus hermanos de Judá, Abdías les da el mensaje divino sobre el desastre que les sobrevendrá.

Esquema

▶ **Versículos 1-16** *La destrucción de Edom*

El pueblo de Edom se siente seguro porque su capital, Petra, está oculta entre altas cimas que hacen que la ciudad sea fácil de proteger. Las personas de allí son orgullosas y confiadas. Su arrogancia es evidente en el versículo 3, cuando se preguntan: "¿Quién me derribará a tierra?". Cuando Jerusalén es atacada por un enemigo desconocido, los edomitas no acuden en su ayuda, sino que animan a los atacantes, ayudan a apresar a algunas personas e incluso saquean la ciudad. Esto enoja a Dios, que promete a los edomitas: "Si te remontares como águila, y aunque entre las estrellas pusieres tu nido, de ahí te derribaré..." (v. 4).

▶ **Versículos 17-21** *Restauración de Israel*

Los que se enorgullecen de su poder y desafían al Señor se enfrentarán a su juicio. Dios promete destruir completamente a los edomitas y restaurar a su pueblo a un lugar de prominencia.

Mensaje principal

Los estudiosos de la Biblia no están seguros de a qué invasión de Judá se refiere Abdías en su libro, pero su mensaje es claro: Dios juzga a aquellos que hacen daño a sus hijos o ayudan a hacerlo. Así sucedió con Edom en el pasado y ocurrirá con cada nación en el futuro.

Aplicación personal

Desde una perspectiva más positiva y personal, si usted es hijo de Dios a través de Jesucristo, está bajo su amor y protección. No le ocurrirá nada que no esté controlado por Él. El juicio final caerá sobre todos los que dañen a su pueblo escogido, Israel, o su pueblo adoptado, los que creen en Jesucristo.

Lecciones para la vida en Abdías

▶ Los que persiguieron al pueblo de Dios en la Biblia siempre fueron juzgados. De la misma forma, todos los que son hostiles con los cristianos hoy pueden esperar enfrentarse al juicio de Dios.

▶ Cuando vea que se causa daño a algún cristiano, usted no debería empeorar la situación abandonándolo, sino que debería correr en su ayuda.

▶ No se complazca ante el infortunio de otros.

▶ El orgullo y el egoísmo acarrean destrucción.

Dónde encontrarlo

Historia de los conflictos entre Israel y Edom

- Israel desciende de Jacob, y Edom de Esaú.
- Jacob y Esaú se peleaban en el vientre de su madre.
- Esaú vendió su primogenitura a Jacob.
- Los edomitas se negaron a dejar pasar a los israelitas por su tierra después del éxodo.
- Los reyes de Israel tuvieron conflictos constantes con Edom.
- Edom animó a Babilonia a destruir Jerusalén.

Jonás

...sabía yo que tú eres Dios clemente y piadoso,
tardo en enojarte, y de grande misericordia,
y que te arrepientes del mal.
(4:2)

⚛

Tema: Clemencia de Dios para todos
Fecha: 780-750 a.c.
Autor: Jonás
Lugar: Nínive

Jonás es la autobiografía de un profeta reacio a serlo que no quería predicar el arrepentimiento a los enemigos de Israel, los impíos asirios, y su capital, Nínive. El libro es inusual porque es el único del Antiguo Testamento cuyo mensaje exclusivo es para una nación gentil. Dios declara que quiere que su clemencia se extienda a los gentiles además de al pueblo del pacto, Israel. El mensaje de Jonás fue recibido con una casi inmediata respuesta de arrepentimiento demostrada con el ayuno y el comportamiento apenado. Como resultado la ciudad de 600.000 habitantes se salvó.

Esquema

▶ **Capítulos 1–2** *Llamamiento de Jonás y desobediencia*

Dios llama a Jonás, un residente del reino del norte, para que vaya a predicar el arrepentimiento a Nínive, la ciudad-estado más grande y poderosa de su tiempo. En su celo patriótico, Jonás pone a su país por delante de Dios. Rebelándose en contra de la comisión divina, el profeta se sube a un barco para escapar de su misión. En lugar de ir 800 km al Nordeste, hacia Nínive, Jonás intenta ir 3200 km al Oeste, hacia Tarsis (España). El barco se ve atrapado por una devastadora tormenta, y Jonás es tirado al mar por los que están a bordo, quienes esperan escapar así de la ira de la tormenta causada por la presencia y desobediencia de Jonás. Luego, el profeta es tragado por un gran pez. Dios utiliza el pez para rescatar a Jonás y captar su atención. Finalmente lo deposita en tierra firme.

> **Capítulos 3–4** *El renovado llamamiento de Jonás*
>
> Jonás, obedeciendo la segunda llamada de Dios, predica a los habitantes de Nínive. Ellos se arrepienten, se entristecen con su pecado, y Dios preserva la ciudad. Sin embargo, Jonás se enoja porque Él ha mostrado misericordia con estos paganos. Dios después deja que Jonás sepa que piensa ofrecer su gracia y misericordia a todos los pueblos.

Mensaje principal

¿Cómo reaccionaría si Dios le pidiera que llevara el mensaje del evangelio al peor enemigo de su país? Ya conoce cuál fue la reacción de Jonás. En su corazón, sabía que nadie merecía el juicio más que los asirios. Eran un pueblo impío, malvado y cruel, y Jonás deseaba su destrucción. Sin embargo, al final, con la ayuda de Dios, el profeta fue a predicar su mensaje: "...De aquí a cuarenta días Nínive será destruida" (3:4). Y a pesar del desagrado de Jonás, las personas respondieron. Después Dios se enfrentó al orgullo y a la falta de compasión de Jonás.

Aplicación personal

¿Ha sido usted alguna vez como Jonás? ¿Huye de las ocasiones de compartir la verdad de su Salvador con los que lo rodean? ¿Se mueve con insensible indiferencia por ahí sin decir nada sobre la gracia salvadora de Dios a sus compañeros de trabajo, vecinos, amigos y familia? No siga el ejemplo de Jonás. En su lugar, siga el ejemplo de Dios y desarrolle un amor genuino y una compasión auténtica por los perdidos. Empiece orando por los que parecen estar más alejados de Dios. Después busque maneras de compartir "la buena nueva" con ellos. Quién sabe, tal vez ellos también respondan al mensaje de Dios y se arrepientan. Ore para que sea así.

Lecciones para la vida en Jonás

▶ No puede escapar al llamamiento de Dios para su vida. Él lo perseguirá hasta los confines de la tierra... o como en el caso de Jonás, dentro del vientre de un gran pez.

▶ El amor y la misericordia de Dios son para todos.

▶ La desobediencia conduce a la catástrofe en la vida.

▶ Es imposible huir de Dios.

▶ No existe límite a lo que Dios desea —y puede— hacer para captar su atención.

▶ El fracaso no tiene por qué descalificarlo para servir a Dios.

▶ Su desobediencia afecta la vida de los demás con los que está en contacto.

▶ El nacionalismo/patriotismo nunca debería interponerse en los planes de Dios.

Dónde encontrarlo

El viaje de Jonás a Nínive

Dios ordenó a Jonás ir a Nínive, pero este no quería ir porque el pueblo del Imperio asirio era muy malo. Jonás intentó ir en dirección contraria subiéndose a un barco que iba a Tarsis. Dios intervino y envió a Jonás de regreso a Nínive.

Miqueas

Oh hombre, él te ha declarado lo que es bueno,
y qué pide Jehová de ti: solamente hacer justicia,
y amar misericordia, y humillarte ante tu Dios.
(6:8)

Tema: Juicio divino
Fecha: 735-710 a.c.
Autor: Miqueas
Lugar: Samaria y Jerusalén

Miqueas, de forma similar a otros profetas como Oseas y Amós, proclamó un mensaje de juicio a un pueblo que persistía en hacer el mal. Él presenta sus tres oráculos, o ciclos, de fatalidad y esperanza como si estuviera en la sala de un tribunal. Cada mensaje presentado (principalmente al reino sur de Judá, pero también al reino norte) comienza con la exhortación de "escuchar". El libro empieza con el juicio a la infidelidad de Israel y termina señalando con énfasis que el Señor intenta cumplir con la promesa incondicional que hizo a Abraham y a Jacob respecto a Israel.

Esquema

► **Capítulos 1–2** *El juicio a las capitales*

"Oíd pueblos todos". Miqueas convoca a todas las naciones a la "corte" para que escuchen el testimonio contra Samaria y Jerusalén, las capitales de los reinos del norte y el sur, respecto a la opresión a los pobres, la hipocresía de los líderes nacionales y religiosos, y las palabras erradas de los falsos profetas. El pueblo no vive de acuerdo con el plan de Dios.

▶ **Capítulos 3–5** *El juicio a los líderes*

"Oíd ahora príncipes de Jacob". Miqueas se dirige primero a los dirigentes corruptos de Israel, que deberían estar al tanto de la injusticia. No obstante, su conducta hacia los pobres se compara con la carnicería de animales. Pero Miqueas también vislumbra proféticamente el futuro glorioso, hablando del "reino mesiánico" que se establecerá con la llegada del Mesías, Jesucristo, que vengará todas las equivocaciones y traerá la bendición espiritual.

▶ **Capítulos 6–7** *El juicio a las personas*

"Oíd montes... el pleito de Jehová". Miqueas reprende al pueblo de Dios por su ingratitud y por abandonar las prácticas que Él les había dado. También les recuerda que la confesión y el arrepentimiento conducirán al cumplimiento de todas las promesas del Señor.

Mensaje principal

Como el profeta Amós, Miqueas es un campesino. Al contrario que el profeta Isaías, que en aquel mismo momento estaba en la corte del rey en Jerusalén y era consciente de *las condiciones políticas de la región*, Miqueas muestra una profunda preocupación por *los sufrimientos del pueblo llano*. Miqueas defiende la causa de los pobres cuando advierte a los líderes de las consecuencias de su explotación. Debido a la corrupción de los ricos, el mensaje de Miqueas del juicio inminente no es demasiado popular. La preocupación del profeta se puede resumir en lo que Dios quiere ver en su pueblo: justicia y equidad atenuada por misericordia y compasión, como resultado de una relación humilde con el Señor y obediente a Él (6:8).

Aplicación personal

Miqueas resalta la relación inherente entre la auténtica espiritualidad y la ética social. O, como describe Santiago en el Nuevo Testamento, la relación entre la fe y las obras. La fe auténtica en Dios genera amabilidad, compasión, justicia y humildad. Usted puede complacer a Dios viviendo de una manera irreprochable y alimentando estas cualidades en sus relaciones en el trabajo, la iglesia, con sus vecinos y con su familia.

Lecciones para la vida en Miqueas

▶ Dios condena a los que oprimen a los pobres y se aprovechan de ellos.

▶ La auténtica religión debería dar como resultado actos justos.

▶ Dios requiere no solo la rectitud personal, sino también la responsabilidad social.

▶ Su religión no puede estar divorciada de sus relaciones.

Dónde encontrarlo

Lista de Dios de las injusticias cometidas por los líderes y el pueblo

Maquinar iniquidad y mal	Miqueas 2:1
Codicia, opresión y violencia	Miqueas 2:2
Robo y deshonestidad	Miqueas 2:8
Echar de casa a las viudas	Miqueas 2:9
Odiar el bien y amar el mal	Miqueas 3:1-2
Abominar el juicio y pervertir el derecho	Miqueas 3:9
Derramar sangre	Miqueas 3:10
Aceptar soborno	Miqueas 3:11

Nahum

Jehová es tardo para la ira y grande en poder,
y no tendrá por inocente al culpable.
(1:3)

Tema: Consuelo
Fecha: 690-640 a.c.
Autor: Nahum
Lugar: Jerusalén y Nínive

Unos 100 años antes, el profeta Jonás había visitado Nínive y había advertido del futuro juicio de Dios. El pueblo escuchó y se arrepintió, y Dios perdonó a la ciudad. Pero con el paso del tiempo, Nínive se volvió de nuevo una ciudad malvada marcada por el asesinato, la crueldad, la idolatría y la injusticia social. Nínive es la capital del Imperio asirio, que ahora es la nación más poderosa del mundo y, aparentemente, invencible. Pero nadie puede enfrentarse a Dios, que es el soberano de toda la tierra. Según Nahum, debido a los pecados de Nínive, esta nación orgullosa y poderosa será destruida. El fin llegará en el plazo de 50 años.

Esquema

▶ **Capítulo 1** *La promesa de la destrucción de Nínive*

Nahum comienza con una descripción clara del carácter del Señor. Es recto y justo. Es paciente y poderoso. Es clemente con todos los que le responden, pero derriba a todos los que se rebelan contra Él. Dios es santo, y Nínive es condenada por su pecado.

▶ **Capítulo 2**   *Los detalles de la destrucción de Nínive*

Nahum describe cómo se producirá la destrucción. Los atacantes (medos y babilonios) causarán una gran confusión en la ciudad. Las personas intentarán huir y serán tomadas cautivas. Todas las riquezas de la ciudad serán saqueadas. Dios promete que la destrucción será completa. Asiria será totalmente destruida y nunca regresará, pero Judá será restaurada.

▶ **Capítulo 3**   *Las razones para la destrucción de Nínive*

En una serie de acusaciones, Nahum explica las razones por las cuales Dios castigará a Nínive. El hecho de que las personas de la ciudad sean tan malvadas revela que el juicio de Dios es merecido.

Mensaje principal

Nahum describe la paciencia, el poder, la santidad y la justicia del Dios vivo. Puede ser lento expresando su ira, pero su justa venganza es segura. Este libro ofrece al reino de Judá algunos rayos de esperanza. Incluso cuando este, junto con todas las naciones de sus alrededores, han sido absorbidos por Asiria, las personas de Judá que confían en el Señor pueden consolarse escuchando que el juicio de Dios caerá sobre los orgullosos y brutales asirios.

Aplicación personal

El libro y mensaje de Nahum puede también ofrecerle un gran consuelo en los momentos de incertidumbre en los que vive hoy día. Debe recordar constantemente el carácter y la naturaleza de Dios, y no temer a ningún poder ni a ninguna persona. Él controla todo lo que sucede y puede proteger y mantener a sus hijos.

Lecciones para la vida en Nahum

▶ Incluso los enemigos más poderosos que amenazan u oprimen al pueblo de Dios caerán algún día. Nadie puede esconderse del juicio divino.

▶ Dios no solo hace responsables de sus actos a las personas, también a ciudades y naciones enteras.

▶ El mismo Dios que odiaba el mal en los tiempos bíblicos, odia el mal hoy día.

Dónde encontrarlo

DIOS		NÍNIVE
	Capítulo 1	
es paciente, poderoso y santo		es mala, corrupta y es juzgada
	Capítulo 2	
castiga a Nínive		es destruida
	Capítulo 3	
detalla la destrucción de Nínive		queda totalmente arruinada

Otro mensaje de consuelo

No os engañéis; Dios no puede ser burlado:
pues todo lo que el hombre sembrare, eso también segará.
Porque el que siembra para su carne,
de la carne segará corrupción;
mas el que siembra para el Espíritu,
del Espíritu segará vida eterna (Gá. 6:7-8).

Habacuc

...el justo por su fe vivirá.
(2:4)

☙

Tema: Confiar en un Dios soberano
Fecha: 607 a.c.
Autor: Habacuc
Lugar: Judá

Hacia el final del reino de Judá, las cosas habían empeorado. El buen rey Josías había muerto en una batalla, y todas las reformas que había puesto en marcha durante su reinado pronto se echaron a perder con la rápida sucesión de malos reyes: tres hijos y un nieto. Esta maldad descontrolada hizo que Habacuc, un profeta poco conocido contemporáneo de Jeremías, cuestionase el silencio de Dios y su aparente falta de juicio para depurar al pueblo del pacto. Como Job, Habacuc preguntaba: "¿Por qué?". La segunda vez que el profeta hizo esta pregunta, Dios contestó con un torrente de pruebas y predicciones. Habacuc finalmente vislumbró algo del carácter y la naturaleza de Dios, y en respuesta, solo pudo asombrarse y alabarlo.

Esquema

▶ **Capítulos 1–2**   *El problema de Habacuc*

Habacuc tiene problemas para entender la forma de actuar de Dios. ¿Por qué permite que los malvados de Judá queden sin castigo? Dios le da una respuesta al profeta que este no espera: Él utilizará a los babilonios para castigar a Judá.

Ahora Habacuc tiene un problema todavía mayor: ¿cómo puede un juez justo, castigar a Judá a través de una nación que es incluso más malvada?

Dios le responde que es consciente del pecado de Babilonia y le asegura que los babilonios no escaparán de su terrible juicio. Pero Judá, dice Dios, es culpable de ofensas similares y sufrirá la misma condena. El Señor concluye su respuesta a Habacuc con una declaración en la que reafirma su soberana majestad. "...Jehová está en su santo templo; calle delante de él toda la tierra" (2:20).

> ▶ **Capítulo 3**   *Oración y cántico de alabanza de Habacuc*

El profeta comienza este breve libro preguntando a Dios, pero lo concluye con un salmo o cántico de alabanza. Entiende y reconoce la sabiduría de Dios respecto a la invasión de los babilonios. Pensar que el juicio vendrá de una nación mala le aterroriza, pero confía en Dios. ¿Y por qué no? La obra fiel, creativa y redentora del Señor a favor del pueblo judío hace que el profeta confíe en los propósitos divinos y en su esperanza sin interrupción incluso ahora, de lo contrario solo le quedaría desesperarse.

Mensaje principal

Habacuc era lo que las personas en la actualidad denominan un "espíritu libre". Le gustaba aventurarse más allá de lo establecido y enfrentarse a temas que pusieran a prueba su fe. Miró a su alrededor y vio que el pueblo de Judá estaba pecando de forma flagrante sin limitación alguna. La injusticia se había extendido. Habacuc abierta y honestamente dirige sus preocupaciones a Dios y espera ver cómo responde a sus preguntas. Dios dice que juzgará al pueblo de Judá, y para sorpresa de Habacuc, dice que utilizará a la malvada Babilonia como instrumento de justicia.

Aplicación personal

El centro del mensaje de Habacuc reside en su llamamiento a confiar en Dios: "...El justo por su fe vivirá" (2:4). Dios actúa en las vidas de su pueblo incluso cuando parece que el mal ha triunfado. Como Dios es justo y soberano, no dejará que la injusticia continúe para siempre. A veces, se puede pensar que la forma de actuar del Señor es incomprensible, pero así como tenía el control en los tiempos de Habacuc, todavía sigue manteniendo el control hoy. Su responsabilidad no es cuestionar las acciones de Dios o lo que parece ser falta de actuación. Su responsabilidad es comprender mejor el carácter de Dios. Un auténtico creyente —uno al que Dios ha declarado justo— perseverará tenazmente en su fe a pesar de lo que le esté sucediendo a él o a los demás. Entiende y confía en que el Dios soberano solo hace lo que es justo.

Lecciones para la vida en Habacuc

▶ La fe no es un acto momentáneo. Es una forma de vida.

▶ Se le pide que confíe en Dios... incluso cuando la vida parece imposible e incomprensible.

▶ Los malvados pueden parecer victoriosos, pero al final nuestro justo Dios los castigará.

▶ Los caminos de Dios no son los nuestros. Están más allá de nuestra comprensión.

Dónde encontrarlo

Habacuc pregunta a Dios .... Capítulo 1

¿Por qué los malvados se quedan sin castigo?

Dios responde a Habacuc .... Capítulo 2

El juicio aunque lento, llegará.

Habacuc ora a Dios .... Capítulo 3

"Oh Jehová, he oído tu palabra, y temí. Oh Jehová, aviva tu obra en medio de los tiempos, en medio de los tiempos hazla conocer; en la ira acuérdate de la misericordia" (3:2).

La próxima vez que tenga problemas, recuerde...

• Exponga directamente su problema a Dios: Habacuc oró.

• Crea y confíe en Dios: Habacuc respondió con fe.

• Anímese: Habacuc pasó de la duda a la fe.

• Asegúrese de entender que el problema nunca es con Dios: el problema de Habacuc era que no comprendía los caminos de Dios.

Sofonías

Buscad a Jehová todos los humildes de la tierra,
los que pusisteis por obra su juicio;
buscad justicia, buscad mansedumbre;
quizá seréis guardados en el día del enojo de Jehová.
(2:3)

☘

Tema: "El día grande de Jehová"
Fecha: 635-625 a.c.
Autor: Sofonías
Lugar: Jerusalén

Sofonías es el tataranieto del piadoso rey Ezequías. Debido a su herencia real, Sofonías probablemente tenía libre acceso a la corte del rey Josías, durante cuyo reinado profetizó. Su ministerio de predicación puede haber jugado un papel significativo en la preparación de Judá para el avivamiento que se produjo con el último rey bueno. El mensaje de Sofonías advierte de la llegada del "día grande de Jehová" (1:14), un día de juicio, primero sobre Judá y después sobre las naciones gentiles. Como en otros libros proféticos, Dios también promete restaurar la suerte de su pueblo.

Esquema

▶ **Capítulos 1:1–3:8** *El juicio de Dios*

Sofonías comienza su ministerio profético con una asombrosa declaración sobre el próximo juicio de Dios a toda la tierra por su pecado. Después se centra en el inmediato juicio a Judá, enumerando algunas de las ofensas de las que es culpable. Más adelante, pronuncia un juicio sobre las naciones que rodean a Judá. Finalmente, el profeta regresa a Jerusalén y describe su situación de rebeldía espiritual y depravación moral.

> **Capítulo 3:9-20**   *La liberación de Dios*

Después de pasar la mayor parte de su mensaje hablando del juicio de Dios, Sofonías cambia el tono y proclama la futura bendición, porque esto también es un aspecto del día de Jehová. Llegará un día en el que las naciones serán purificadas, y los gentiles apelarán al nombre del Señor. Un remanente de la nación de Israel será reunido, redimido y restaurado. Las multitudes se regocijarán en su Salvador, y Él estará en medio de ellas. Lo que empieza en Sofonías 3:9 como un pequeño coro toma impulso y asciende hasta enumerar las muchas bendiciones que Dios otorgará a sus redimidos.

Mensaje principal

Sofonías es otro de los profetas de última hora en los días finales de Judá; los otros son Jeremías y Habacuc. Las reformas en los días de Sofonías eran muy pequeñas y llegaban demasiado tarde. La maldad está tan arraigada en el pueblo que poco después de la muerte del buen rey Josías, ellos regresan a la idolatría. Sofonías profetizó que esto sucedería, y que el juicio llamado "el día grande de Jehová" llegaría. Este libro amplía el tema similar de "el día de Jehová" que aparece en el libro de Joel. Utilizando términos variados, Sofonías se refiere al día grande de Jehová 23 veces en los tres capítulos del libro. Este día de Jehová llegará pronto sobre Judá, pero también tendrá un cumplimiento futuro. Jesús alude al día de Jehová de Sofonías en Mateo 13:41-43 y 24:29-31, y en ambas ocasiones lo asoció con su Segunda Venida. El primer día de Jehová hace referencia a la devastación inminente de Judá, que es solo un preludio del día en el que Jesucristo vendrá a juzgar a toda la creación, a todos los pecados y a todas las naciones del mundo. Pero como prometió en otra parte, Dios reunirá y restaurará a su pueblo, y llegará un día en que el mundo entero se regocijará.

Aplicación personal

El mensaje es claro para usted hoy día. Si reconoce a Jesús como

Señor, junto con el remanente justo de Israel, escapará del día grande de Jehová y algún día entrará en su reino bendecido. El regocijo que llegará en ese día maravilloso cuando Dios ejercite su gobierno puede ser suyo hoy poniendo su fe y confianza en Jesús, el Mesías venidero.

Lecciones para la vida en Sofonías

▶ No importa lo difícil que sea su vida ahora, puede tener la esperanza de que llegará un día de regocijo, un día en el que Dios restaurará todas las cosas como deberían ser.

▶ No deje que la comodidad material se convierta en una barrera en el compromiso con Dios.

▶ La complacencia espiritual tendrá sus consecuencias.

▶ Siempre puede hallar esperanza en la verdad de que nuestro Dios reina y que cuidará de los suyos.

Dónde encontrarlo

~ El día de Jehová ~
Dos cumplimientos

CERCA	LEJOS
Abdías 1-14	Abdías 15-21
Joel 1:15; 2:1,11	Joel 2:31; 3:14
Amós 5:18-20	
————	Isaías 2:12
Isaías 13:6	Isaías 13:9
Ezequiel 13:5; 30:3	
————	Zacarías 14:1
————	Malaquías 4:5

Hageo

Pues así ha dicho Jehová de los ejércitos:
Meditad bien sobre vuestros caminos.
(1:5)

☘

Tema: Reconstrucción del templo
Fecha: 520 a.C.
Autor: Hageo
Lugar: Judá

Hageo abre la última sección de los profetas menores. Es uno de los tres profetas que predican a los judíos que han regresado del exilio; los otros dos son Zacarías y Malaquías. Los profetas del pasado tenían que enfrentarse al tema de la idolatría. Pero 70 años de exilio habían curado a las personas de este mal. El mensaje de Hageo es diferente. Anima al pueblo de Dios a dejar de pensar en sus propias comodidades. En su lugar, tenían que poner sus energías en la restauración del templo. Edificar la casa de Dios.

Sorprendentemente, tras haber rechazado los mensajes proféticos del pasado, ahora el pueblo escucha a Hageo. Sus corazones están animados y emprenden la labor de reconstruir el templo. Dios después honra las nuevas prioridades de ellos y bendice sus vidas.

Esquema

▶ **Capítulo 1** *Una llamada a terminar la obra*

Desanimados por la oposición de sus vecinos, los judíos se han hecho indiferentes a la reconstrucción del templo. En su lugar, han puesto sus energías en reconstruir sus casas y fortunas. A través de Hageo, Dios los anima a meditar bien en las consecuencias de sus prioridades mal establecidas. Hageo señala que las preocupaciones de los egoístas han causado muchas complicaciones económicas, incluso que Dios haya restringido la lluvia para las cosechas. El pueblo y los líderes toman muy en serio el mensaje de Hageo. Solo 23 días después de su mensaje, ellos oyen "la voz de Jehová" y temen "delante de Jehová". Comienzan a trabajar de nuevo en el templo tras 16 años de inactividad, y lo terminan cuatro años más tarde.

> **Capítulo 2:1-9**   *Una llamada al valor*

Más o menos un mes después de que comenzaron a reconstruir el templo, las personas se desaniman, especialmente los ancianos. Muchos de ellos recordaban el templo de Salomón, una estructura mucho más gloriosa. Este nuevo templo no era tan elegante. Pero el Señor los anima a perseverar y a tener valor, asegurándoles su presencia y fidelidad para cumplir su promesa, lo cual incluye un templo más grande y glorioso en el futuro.

> **Capítulo 2:10-19**   *Una llamada a la purificación*

Dos meses después de la exhortación para que mantengan su valor, Dios utiliza los sacerdotes y las leyes ceremoniales como ejemplo práctico para motivarlos más a que continúen trabajando en el templo. El mensaje es que si un sacrificio santo puede corromperse, también una ofrenda a Dios puede ser inaceptable si se descuida la reconstrucción del templo.

> **Capítulo 2:20-23**   *Una llamada al Escogido de Dios*

En el mismo día en que Hageo se dirige a los sacerdotes, ofrece un segundo mensaje profético a Zorobabel, el líder de los exiliados y descendiente de David. Utilizando un título distintivamente mesiánico que señala a Cristo, Dios llama a Zorobabel "siervo mío" y dice que hará de él un "anillo de sellar", lo cual es un símbolo de honor, autoridad y poder.

Mensaje principal

Después de 70 años de exilio, al pueblo de Dios se le permite regresar a su tierra natal. Al llegar, su primera orden de trabajo es reconstruir el templo. Pero la oposición de sus vecinos gentiles y la indiferencia del propio pueblo hacen que se abandone el trabajo. Ahora, 16 años más tarde, Dios le da la comisión a Hageo, junto con Zacarías, de animar a los judíos no solo a reconstruir el templo, sino también a reordenar sus prioridades espirituales. Durante estos 16 años, las personas se habían centrado en ellas mismas y habían permitido que el templo de Dios permaneciera en ruinas. Hageo les explica que su falta de compromiso con las prioridades de Dios es la razón de que no reciban sus bendiciones.

Aplicación personal

El mensaje de Hageo al pueblo de Dios puede ser muy relevante para usted hoy día. ¿Cuáles son sus prioridades? Eche un vistazo a su cuenta bancaria. Le dirá de forma bastante certera dónde están sus prioridades. Hageo le plantea la misma cuestión que le planteó al pueblo: "¿Está construyendo su propia casa y permitiendo que la casa de Dios y sus ministerios sean descuidados?".

Lecciones para la vida en Hageo

▶ Dios recompensa a los que lo ponen a Él primero y buscan hacer su voluntad.

▶ No puede vivir en las glorias del pasado. La realidad está en el presente.

▶ Repase sus prioridades a menudo. ¿Están en consonancia con las de Dios?

▶ Su servicio a Dios es de vital importancia.

Dónde encontrarlo

Lugares de adoración en la Biblia

TIPO	EJEMPLO y/o REFERENCIA
Altares	Abraham, Génesis 12:7-8
Tabernáculo de Dios	
Construido	Éxodo 25—27; 36—39; 40
Establecimiento en Silo	Josué 18:1
Establecimiento en Gabaón	2 Crónicas 1:2-5
El templo de Salomón	1 Reyes 6
El templo de Zorobabel	Hageo 1:1, 14; 2:1; Zacarías 4:9
El templo de Zorobabel	
reconstruido por Herodes	Mateo 4:5; 21:12
El futuro templo milenario	Ezequiel 40—44

Zacarías

...Yo he restaurado a Sion, y moraré
en medio de Jerusalén; y Jerusalén se llamará
Ciudad de la Verdad, y el monte de Jehová
de los ejércitos, Monte de Santidad.
(8:3)

Tema: Liberación de Dios
Fecha: 520-480 a.c.
Autor: Zacarías
Lugar: Jerusalén

Zacarías, al igual que Ezequiel y Jeremías, es sacerdote y profeta. Su ministerio profético se superpone con el de su contemporáneo Hageo, mayor que él; y ofrece una serie de ocho visiones, cuatro mensajes y dos opresivos oráculos en el periodo de dos años. Los ocho primeros capítulos de Zacarías están escritos para animar al remanente, mientras construyen el templo. Los últimos seis capítulos están escritos en algún momento después de la reconstrucción del templo en anticipación a la venida del Mesías de Israel. Este libro es el segundo en volumen en cuanto al material sobre el Mesías, el Señor Jesucristo, siendo el primero Isaías.

Esquema

▶ **Capítulos 1–6** *Ocho visiones de noche*

En estos capítulos, Zacarías comparte estas ocho visiones de noche:
▶ Un hombre entre los mirtos: Dios reconstruirá Sion
▶ Los cuernos y los carpinteros: los opresores de Israel serán juzgados

- ▶ El hombre con el cordel de medir: Dios protegerá Jerusalén
- ▶ La limpieza de Josué el sumo sacerdote: Israel será limpiado por el Mesías
- ▶ El candelabro de oro: el Espíritu de Dios está capacitando a Zorobabel y Josué
- ▶ El rollo volador: el pecado individual será castigado
- ▶ La mujer en el efa: el pecado de la nación será eliminado
- ▶ Los cuatro carros: el juicio de Dios caerá sobre las naciones

Hay un interludio durante el cual Zacarías recoge la coronación de Josué como sumo sacerdote y la anticipación de la venida del "Renuevo" que será a la vez rey y sacerdote (Jesucristo).

▶ **Capítulos 7–8** *Cuatro mensajes*

En respuesta a las preguntas de algunos líderes sobre si se debe continuar con los ayunos, Dios da a Zacarías una serie de cuatro mensajes que se centran en los siguientes temas:

- ▶ Reprobación por asociar el ayuno a falsos motivos
- ▶ Llamamiento al pueblo para que recuerde las consecuencias de su desobediencia: la destrucción
- ▶ Promesa de la futura restauración de Sion, cuando Dios habitará en Jerusalén
- ▶ Anuncio de que un día cesará el ayuno y será reemplazado por gozosas fiestas para celebrar las bendiciones del Mesías

▶ **Capítulos 9–14** *Dos mensajes duros*

- ▶ El primer mensaje hace referencia a la primera venida y rechazo del Mesías (o de Cristo).
- ▶ El segundo mensaje hace referencia a la segunda venida y aceptación del Mesías. Vendrá y limpiará al pueblo de sus impurezas y falsedades; juzgará a las naciones y reinará sobre toda la tierra desde Jerusalén.

Mensaje principal

Zacarías es un libro profético importante que ofrece detalladas referencias mesiánicas que se cumplirán claramente en la vida de Jesucristo. La reconstrucción del templo, dice Zacarías, es solo el primer acto del drama de la historia de Dios.

Aplicación personal

Dios mantiene sus promesas. Jesús, el Mesías prometido y gran libertador de Israel, vino realmente. Primero llegó como el Salvador sufriente predicho por Isaías. Pero también viene como Juez y Rey que reinará para siempre. El futuro es seguro. La liberación está llegando. Su futuro puede ser seguro si confía en Jesús, que vendrá de nuevo.

Lecciones para la vida en Zacarías

▶ El futuro no atemoriza cuando Jesús es su Salvador.

▶ Dios nunca deja de cumplir sus promesas.

▶ El mensaje de la venida del Mesías debería motivar su presente e inspirar su futuro.

Dónde encontrarlo

Predicción de Jesús montado en un burro............... Zacarías 9:9

**Predicción de la traición a Jesús
por 30 monedas de plata**...........................Zacarías 11:4-13

**Predicción del regreso de Jesús
al monte de los olivos**........................... Zacarías 14:4

Profecías de la venida de Cristo

Primera venida de Cristo:	Zacarías 3:8
	Zacarías 9:9, 16
	Zacarías 11:11-13
Segunda venida de Cristo:	Zacarías 6:12
	Zacarías 12:10
	Zacarías 13:1, 6
	Zacarías 14:1-21

Fiestas en la Biblia

FIESTA	CUMPLIMIENTO EN CRISTO
Fiesta de la pascua	Cumplida en la muerte de Cristo
Día de la expiación	Cumplida con la aceptación de la salvación de Cristo
Fiesta de las primicias	Cumplida en la resurrección de Cristo
Fiesta de pentecostés	Cumplida en la llegada del Espíritu Santo
Fiesta de los tabernáculos	Todavía es apropiado celebrarla durante el reinado de Cristo

Malaquías

Traed todos los diezmos al alfolí y haya alimento en mi casa;
y probadme ahora en esto, dice Jehová de los ejércitos,
si no os abriré las ventanas de los cielos, y derramaré
sobre vosotros bendición hasta que sobreabunde.
(3:10)

☖

Tema: Reprobación del formalismo
Fecha: Alrededor del 430 a.c.
Autor: Malaquías
Lugar: Jerusalén

Malaquías es probablemente contemporáneo de Esdras y Nehemías. Ataca los males que surgen en Jerusalén después de que el templo fue reconstruido, y sus servicios fueron restablecidos. Nehemías trata muchos de estos mismos males en su relato escrito. Malaquías es significativo porque su mensaje de juicio sobre Israel por su continuo pecado es la última palabra de Dios durante 400 años hasta que llega otro profeta con un mensaje del Señor.

Dios promete que algún día en el futuro, cuando los judíos se arrepientan, el Mesías será revelado, y las promesas del pacto cumplidas. Los 400 años de silencio se rompen cuando Juan el Bautista predica: "...Arrepentíos, porque el reino de los cielos se ha acercado" (Mt. 3:2). Esta era una declaración de que el por largo tiempo prometido Mesías (Jesús) había llegado.

Esquema

▶ **Capítulo 1:1–5** *El privilegio del amor de Dios*

Inmersas en los problemas de su condición actual, las personas de

Jerusalén pierden su perspectiva de la obra de Dios y de su amor por ellos en el pasado.

▶ **Capítulos 1:6–2:9** *La corrupción de los sacerdotes*

Consumidos por la codicia, los sacerdotes ofrecían solo animales enfermos e imperfectos en los sacrificios ante el altar guardándose los mejores para ellos. Por su desobediencia, Dios les retira sus bendiciones.

▶ **Capítulos 2:10–3:15** *Los problemas del pueblo*

Las personas son tan malas como sus sacerdotes. Se divorcian de sus mujeres judías para casarse con mujeres extranjeras. Roban los diezmos de Dios y las ofrendas, y con arrogancia cuestionan el carácter de Dios.

▶ **Capítulos 3:16–4:6** *La promesa del Señor*

Dios pasa el resto del libro respondiendo al cuestionamiento de ellos respecto a sus promesas. Les dice que llegará un día en el que no será "por demás servir a Dios" (3:14), y los que le temen serán bendecidos. Pero llegará un momento en el que los malos serán juzgados. El libro termina con la nota amarga de la palabra "maldición". Aunque las personas habían sido curadas de idolatría, había poco progreso espiritual. El pecado abundaba, y la necesidad de la llegada del Mesías era mayor que nunca.

Mensaje principal

Inspirados por Hageo y Zacarías, los judíos habían reconstruido el templo. Pero han pasado los años, y no ha llegado la prosperidad. Están empezando a cuestionarse si les compensa ser rectos. Por otra parte, en una serie de preguntas y respuestas, Dios busca tocar sus duros corazones. En su desobediencia, las personas cuestionan a Dios y quieren culparlo de sus problemas. Ellos pensaban que el asunto era la falta de preocupación de Dios, y decían que Él no estaba cumpliendo con sus promesas.

Dios responde con hirientes amonestaciones que la transigencia de ellos y su desobediencia han bloqueado las bendiciones. Cuando se arrepientan y regresen a Dios con corazones sinceros, los obstáculos para recibir las bendiciones divinas serán eliminados.

Lecciones para la vida en Malaquías

▶ Dios no bendice una vida desobediente.

▶ No se puede dejar de dar a Dios.

▶ Dios es fiel a sus promesas.

▶ La apatía conduce a un ritual sin fe.

Dónde encontrarlo

Profecías importantes en Malaquías

La venida del mensajero de Dios antes del Mesías	Malaquías 3:1
La segunda venida de Cristo	Malaquías 4:2
La predicción de que Elías anunciaría la llegada del Mesías	Malaquías 4:5

Los 400 años de silencio

⚛

Más de 400 años separan el final del Antiguo Testamento del comienzo del Nuevo. Como no hay palabra de Dios durante estos años, se denomina a este periodo los "años de silencio". Sin embargo, la historia que se predice en el libro profético de Daniel continúa hacia delante con divina precisión.

Durante los 400 años de silencio, el control de la tierra pasa del Imperio medo-persa a los griegos y luego a los romanos. Los griegos traen una nueva lengua de comunicación al mundo, y los romanos un sistema de comunicaciones, ley y orden. Finalmente, ahora es el momento adecuado para la llegada del Mesías. Su mensaje de salvación se escribirá con exacta precisión en griego que es el idioma que se utiliza en la mayor parte del mundo conocido, y sus buenas nuevas serán comunicadas y extendidas por todo el mundo por los caminos construidos por los romanos.

Aunque la voz de Dios permanece en silencio durante 400 años, su mano continúa dirigiendo claramente el curso de la historia del mundo hacia la venida de su Hijo, el Señor Jesucristo.

El Nuevo Testamento

Los libros históricos

☖

Como el Antiguo Testamento, el Nuevo Testamento no es un único libro sino una colección de 27 libros individuales que reflejan una amplia variedad de temas, formas literarias y propósitos. Los cinco primeros libros del Nuevo Testamento —Mateo, Marcos, Lucas, Juan (denominados los Evangelios) y Hechos— son enteramente narrativos y son los únicos libros históricos del Nuevo Testamento. Los cuatro primeros libros, o Evangelios, son un relato histórico de la vida de Jesucristo, el Mesías, cuyo nacimiento, vida, muerte y resurrección fueron profetizados en el Antiguo Testamento. El libro de Hechos proporciona un informe de los acontecimientos ocurridos en el periodo que va desde las últimas palabras pronunciadas por Cristo para sus seguidores y su ascensión a los cielos hasta los viajes y problemas del apóstol Pablo. Hechos describe algunos sucesos clave en la extensión de la "buena nueva" desde Judea hasta las zonas más lejanas del Imperio romano.

Mateo

Desde entonces comenzó Jesús a predicar, y a decir:
Arrepentíos, porque el reino de los cielos se ha
acercado.
(4:17)

☖

Tema: El reino de Dios
Fecha: 60 d.C.
Autor: Mateo (Leví)
Lugar: Palestina

Han pasado 400 años desde que Malaquías hizo sus últimas profecías. La situación mundial ha cambiado. El control de la tierra de Israel ha pasado de los medo-persas a los griegos y ahora a Roma. El griego sigue siendo la lengua de comunicación de las personas y es el idioma en el que se escribe el Nuevo Testamento. Mateo, cuyo nombre judío es Leví, es un recaudador de impuestos hasta que Jesús lo llama para que sea uno de sus 12 discípulos. Ahora, más de 20 años después de que Jesús regresara al cielo (en Hechos 1:9), las buenas nuevas han viajado a lo largo y ancho del mundo romano. Los judíos cristianos están empezando a ser perseguidos, y Mateo quiere fortalecer su fe y proporcionarles una poderosa herramienta para evangelizar las comunidades judías dispersas por todo el mundo romano. Este libro presenta a Jesús de Nazaret como el Mesías prometido y legítimo rey de Israel. Con el Rey, llega su reino —el reino de los cielos—, que será ocupado por aquellos que reconozcan y obedezcan al Rey.

Esquema

▸ **Capítulos 1–4** *Nacimiento y preparación del Rey*

En estos capítulos, aprendemos que Jesús, descendiente directo de David, nace de una virgen y cumple así la profecía. Es bautizado y proclamado por Dios como su Hijo. El carácter divino de Jesús es puesto a prueba por el demonio tras 40 días de ayuno en el desierto. Cristo utiliza textos del Antiguo Testamento para contrarrestar las tentaciones del diablo. Habiendo pasado estas pruebas, comienza su ministerio público predicando el arrepentimiento y la llegada del reino de Dios.

▶ **Capítulos 5–6**   *Sermón del monte*

Jesús reúne a sus discípulos en una colina cerca del Mar de Galilea y les habla en forma de sermón sobre la ética para el reino de Dios. Resalta la importancia de responder de corazón con una actitud que vaya más allá de la mera observancia de las reglas.

▶ **Capítulos 7–20**   *El reino de Dios proclamado... y rechazado*

Mediante enseñanzas, parábolas y milagros, Jesús proclama un nuevo reino. Elige 12 discípulos (más tarde se convertirán en apóstoles) de entre sus seguidores para compartir el mensaje. Los líderes religiosos, conocidos como fariseos y saduceos, rechazan a Jesús y su prédica. Él predice su muerte inminente, su resurrección y su Segunda Venida.

▶ **Capítulos 21–25**   *Enfrentamientos finales con los líderes religiosos*

Jesús entra en la ciudad de Jerusalén recibido como un rey. Se enfrenta a los líderes religiosos, purifica el templo y pronuncia una maldición sobre la ciudad que ha rechazado el camino de Dios. Profetiza la destrucción futura del templo, los días de tribulación venideros y el juicio, y su segunda venida.

▶ **Capítulos 26–28**   *Muerte y resurrección de Jesús, el Rey*

Después de celebrar la Pascua con sus discípulos, Jesús es arrestado, juzgado en los tribunales religiosos y civiles, y crucificado. Todo esto se produce en unas horas. Después de su muerte, es enterrado, pero al tercer día, resucita. Se aparece a sus discípulos y les da la comisión de extender la buena nueva de cómo Él ha conquistado la muerte.

Mensaje principal

Cuando Jesús llama a Mateo, el hijo de Alfeo (Mr. 2:14), para que sea uno de sus discípulos, este tiene que hacer una elección: abandonar su próspero trabajo de recaudador de impuestos del gobierno romano y seguir a Jesús... o no. Mateo escoge dejarlo todo y convertirse en súbdito del Rey de reyes. Como demostración de este cambio, celebra una gran recepción para Jesús en su casa para que sus compañeros de trabajo puedan conocer a Cristo y escuchar su oferta de ser ciudadanos del reino —oferta que él había aceptado (Mt. 9:9-13)—. Más tarde, Mateo escribiría sobre su Rey a todo el mundo, sobre su milagroso nacimiento, su vida y sus enseñanzas, sus milagros y su triunfo sobre la muerte.

Aplicación personal

Jesús vino a la tierra para morir y pagar la pena por nuestros pecados, y, con su resurrección, iniciar su reinado. Sus enseñanzas muestran cómo prepararse para la vida en su reino, el cual se completará totalmente a su regreso. Hasta entonces, todos sus súbditos serán aquellos que lo sigan fielmente. La manera de entrar en el reino de Dios es la fe: creer que solo Cristo puede salvarlo del pecado. Después Dios lo cambiará a usted completamente para que se convierta en un ciudadano de su reino. ¿Es usted uno de sus súbditos? Si es así, ¿está dando testimonio fielmente de su Rey a sus compañeros de trabajo, su familia y sus amigos como hizo Mateo?

Lecciones para la vida en Mateo

▶ Jesús le muestra que la Palabra de Dios es su mejor defensa contra el enemigo de su alma.

▶ Jesús ha conquistado el poder de la muerte y ha proporcionado el único camino para superarla.

▶ Jesús les ha confiado su mensaje a sus discípulos o seguidores. Usted se convierte en seguidor cuando confía en Él.

▶ Jesús no se limitaba a predicar ideas religiosas abstractas, sino que predicaba una nueva forma de vida.

▶ ¡Jesús volverá!

Dónde encontrarlo

Los líderes políticos y religiosos en los días de Jesús

Escribas	Judíos expertos en la interpretación de las Escrituras
Rabinos	Maestros judíos que enseñaban siguiendo las interpretaciones de los escribas.
Fariseos	Partido religioso judío muy estricto que entendía las Escrituras de forma literal, pero trataba de interpretarlas utilizando tradiciones orales.
Saduceos	Descendientes ricos de la línea judía de los sumos sacerdotes que rechazaban el Antiguo Testamento excepto los cinco libros de Moisés.
Herodianos	Partido político que apoyaba al rey Herodes.
Zelotes	Un grupo de judíos muy patriótico que estaba decidido a terminar con el dominio romano.

Marcos

Porque el Hijo del Hombre
no vino para ser servido, sino para servir,
y para dar su vida en rescate por muchos.
(10:45)

☙

Tema: El Siervo sufriente
Fecha: 60 d.C.
Autor: Juan Marcos
Lugar: Roma

Marcos (su nombre romano) y Juan (su nombre judío) no fue un testigo directo de la vida de Jesús. Pero es un compañero muy cercano del apóstol Pedro, que le informó detalladamente su asociación con el Señor. Mientras Mateo escribió su Evangelio para la audiencia judía, Marcos parece que se dirige a los creyentes romanos. Utiliza el latín, el idioma de los romanos, para ciertas expresiones cuando escribe su Evangelio en griego. Describe el tiempo según el sistema romano, explica cuidadosamente las costumbres judías y omite las genealogías judías que encontramos en Mateo. Marcos presenta a Jesús como el Siervo sufriente. Se centra más en sus obras que en sus enseñanzas. Demuestra la humanidad de Cristo y describe sus emociones humanas, sus limitaciones como ser humano y, en última instancia, su muerte física.

Esquema

▶ **Capítulos 1–7:23** *Ministerio de Jesús en Galilea*

Marcos empieza inmediatamente con los años de ministerio de Jesús y no intenta analizar su vida detalladamente, de manera cronológica.

En su lugar, toca algunos de los aspectos clave de la obra del Señor. Lo destacado del relato de Marcos son los milagros y el rechazo que enfrenta por parte de su ciudad natal y de los líderes religiosos judíos.

▶ **Capítulos 7:24–10:52** *Jesús extiende su ministerio*

Cuando Jesús visita regiones fuera de Israel, como Tiro y Sidón, Decápolis y Betsaida, continúa sanando, confirmando sus credenciales como el Mesías prometido por los profetas del Antiguo Testamento. También predice su muerte y advierte sobre el coste de seguirlo. Después empieza su viaje hacia Jerusalén, donde será crucificado. Por el camino, proclama que "...no vino para ser servido, sino para servir, y para dar su vida en rescate por muchos" (10:45).

▶ **Capítulos 11:1–16:20** *Jesús llega a Jerusalén*

El día después de que Jesús entra en Jerusalén expresa ira ante los cambistas y vendedores que se habían instalado en el templo y vuelca sus mesas. Los líderes religiosos judíos cuestionan la autoridad de Jesús y lo retan con temas difíciles, a los que Él responde con facilidad y sabiduría. Después es arrestado, juzgado y crucificado... y temprano en el primer día de la semana, se levanta y aparece primero ante María Magdalena y después ante otros seguidores.

Mensaje principal

Muchos han contestado la pregunta: "¿Por qué cuatro Evangelios? ¿No se podría haber escrito la historia de Jesús en un libro en lugar de en cuatro?". El apóstol Juan dice justamente lo contrario y termina su Evangelio con la observación de que si todo lo que Jesús dijo e hizo se hubiera escrito "...ni aun en el mundo cabrían los libros que se habrían de escribir..." (Jn. 21:25). Cada uno de los escritores de los Evangelios presenta la historia de Jesús desde su perspectiva y para una audiencia en particular. Como resultado, cada Evangelio contiene material distintivo. En su conjunto, los cuatro Evangelios forman un testimonio completo sobre Jesucristo.

La perspectiva de Marcos procede de su asociación con Pedro, el discípulo que se convierte en el portavoz jefe de este nuevo movimiento religioso. En Marcos, se presenta al Señor como un siervo activo, compasivo y obediente, que constantemente ministra para las necesidades físicas y espirituales de otros. Al mismo tiempo, Marcos muestra con claridad el poder y la autoridad de este siervo único, exponiéndolo nada menos que como el Hijo de Dios.

Aplicación personal

Siguiendo el ejemplo de Jesús, debería tratar de servir a Dios y a los demás. Los líderes religiosos de aquellos tiempos querían ser servidos y gobernar sobre las personas. Jesús enseñaba justamente la actitud contraria. La auténtica grandeza se muestra mediante servicio y sacrificio. La ambición, el amor al poder y la posición no debería ser su deseo. Más bien busque ser un siervo humilde.

Lecciones para la vida en Marcos

▶ La oposición a sus creencias no debería impedirle llevar a cabo la obra que Dios le ha llamado a hacer.

▶ Siga la llamada de Cristo y trate de llevar una vida ascética y de sacrificio personal.

▶ Jesús vino a servir, y usted debería desear seguir su ejemplo.

Dónde encontrarlo

Los 12 discípulos

Los hermanos Pedro y Andrés, pescadores

Los hermanos Jacobo y Juan, pescadores

Felipe, pescador

Bartolomé, también conocido como Natanael

Mateo, también conocido como Leví, recaudador de impuestos

Tomás, también conocido como el gemelo

Jacobo, el hijo de Alfeo

Tadeo, también conocido como Judas, hijo de Jacobo

Simón el zelote, un valiente defensor del judaísmo

Judas Iscariote, codicioso traidor de Jesús

Lucas

Porque el Hijo del Hombre vino a buscar
y a salvar lo que se había perdido.
(19:10)

ᚪ

Tema: El hombre perfecto
Fecha: 60-62 d.C.
Autor: Lucas, el médico amado
Lugar: Roma

Es evidente por las líneas de apertura de este Evangelio que está dirigido a un hombre llamado Teófilo. Su propósito es hacer un relato histórico preciso de la vida especial y única de Jesús. Lucas, un médico y el único autor gentil (no judío) de entre los escritores del Nuevo Testamento, escribe para fortalecer la fe de los gentiles, especialmente creyentes griegos. Él también desea estimular a los griegos no creyentes a considerar la afirmación de que Jesucristo es el hombre perfecto —el Hijo del Hombre— que vino en servicio sacrificial para buscar y salvar a los hombres pecadores.

Esquema

▸ **Capítulos 1–4:13** *Preparación de Jesús para el ministerio*

En los primeros capítulos de Lucas, vemos que las vidas de Juan el Bautista y Jesús se entrelazan. Los dos son primos nacidos con meses de diferencia, y la comisión que Dios le ha dado a Juan es la de proclamar la venida de Jesús para salvar al pueblo de sus pecados. Lucas también echa un vistazo inusual a la infancia de Cristo. Por ejemplo, cuando Él tenía 12 años, sus padres lo encontraron enseñando a los líderes religiosos judíos en el templo, donde el pueblo de Dios hacía los cultos en Jerusalén. Cuando tenía unos 30 años, fue bautizado por Juan el Bautista.

▶ **Capítulos 4:14–9:50** *Ministerio y milagros de Jesús en Galilea*

Jesús comienza su ministerio en la ciudad donde se crió, Nazaret, que está en la región de Galilea. Sus dos actividades principales son la enseñanza y la curación. Durante este tiempo, Jesús llama a sus 12 discípulos y realiza la mayor parte de los milagros, como resucitar al hijo de una viuda, calmar los vientos y las olas en el Mar de Galilea y expulsar demonios e introducirlos en una manada de cerdos.

▶ **Capítulos 9:51–19:27** *Ministerio de enseñanza de Jesús*

Aunque el Señor continúa haciendo milagros, Lucas ahora pone un gran énfasis en las enseñanzas a sus discípulos. En esta sección, Jesús enseña a través de parábolas, como la del buen samaritano y la de la oveja perdida. Durante este tiempo, enseña muchas lecciones importantes que resultan prácticas para la vida hoy; lecciones sobre oración, finanzas y fidelidad.

▶ **Capítulos 19:28–23:56** *Última semana de Jesús*

Lucas ofrece un relato de la semana de pasión de Jesús: su triunfal entrada en Jerusalén, sus enseñanzas a las multitudes que habían venido para la Pascua y sus últimos momentos con sus discípulos. Después de la Última Cena, es arrestado y sometido a juicios vejatorios. Aunque Pilato, el gobernador romano, intenta liberar a Jesús, la multitud quiere que sea crucificado. Después de esto, Él es enterrado.

▶ **Capítulo 24** *Acto final de Jesús: ¡Resurrección!*

Pero la muerte no es el final de Jesús. Hay un acto más: ¡su resurrección! Los que visitan la tumba al tercer día de su crucifixión, el domingo por la mañana, la encuentran vacía y escuchan el mensaje de dos ángeles que dicen que ha resucitado. El Señor conquista la tumba tal como prometió y aparece en varias ocasiones a sus discípulos antes de ascender a los cielos y al Padre.

Mensaje principal

Lucas muestra un gran interés en las personas y en cómo sus vidas se entrelazan con el ministerio de Jesús. Esto puede deberse a que él era médico y estaba entrenado en cuidar de las necesidades físicas. Lucas también hace un reconocimiento especial a las mujeres, escribiendo sobre María, Elisabet y Ana, y su parte en los primeros tiempos de la vida de Jesús. María y Marta, dos hermanas de Betania, nos ofrecen una pequeña visión de la vida hogareña en los tiempos del Nuevo Testamento. La historia de Zaqueo y su deseo desesperado por ver a Jesús demuestra la preocupación de este incluso por un despreciado recaudador de impuestos. El Evangelio de Lucas muestra la universalidad del mensaje cristiano, al describir al Hijo del Hombre como el Salvador compasivo de todos.

Aplicación personal

El amor y la compasión deberían servir como un ejemplo poderoso para usted y para su forma de actuar en la vida diaria. Por ejemplo, debe ser como el buen samaritano que Jesús describió en el capítulo 10, que se detuvo a ayudar a una persona que sufría. Y de la misma manera que Él se desvió de su camino para consolar a María y Marta tras la muerte de su hermano Lázaro, usted tiene que desviarse de su camino para apoyar a sus amigos y a su familia en los momentos de necesidad. No, usted no es Jesús, pero cuando realiza actos de amor y muestra compasión, está indicando a otros el camino hacia el Espíritu Santo, que vive en usted.

Lecciones para la vida en Lucas

▸ Jesús muestra compasión por los heridos y los perdidos, y usted debería hacer lo mismo.

▸ Jesús habla de las actitudes y acciones que deberían caracterizar su vida diaria: perdón, fidelidad, agradecimiento y compromiso.

▸ Jesús muestra un profundo interés en las personas y sus necesidades. No le interesa su estatus social, su raza o su género. Usted también debería fomentar el mismo tipo de interés por las necesidades de los demás, sin tener en cuenta quiénes son o lo que son.

Dónde encontrarlo

Alimenta a 5000 personas con pan y peces............ Lucas 9:12-17

Parábola del buen samaritano............................. Lucas 10:29-37

Parábola de la oveja perdida y de la moneda.......... Lucas 15:3-10

Parábola del hijo pródigo... Lucas 15:11-32

La ofrenda de la viuda.. Lucas 21:1-4

Pedro niega a Jesús tres veces............................. Lucas 22:54-62

La tierra de Israel en los tiempos de Cristo

Juan

Pero éstas se han escrito para que creáis
que Jesús es el Cristo, el Hijo de Dios,
y para que creyendo, tengáis vida en su nombre.
(20:31)

Tema: El Hijo de Dios
Fecha: 80-90 d.c.
Autor: Juan, el discípulo a quien Jesús amaba
Lugar: Palestina

Han pasado 50 años desde que Juan presenció la vida de Jesús en la tierra. Muchas cosas han sucedido. La fe cristiana ha florecido y se ha extendido por todo el mundo conocido. Pero junto con la expansión, también ha llegado una gran persecución por parte del gobierno de Roma. Todos los apóstoles de Cristo han muerto o han sido martirizados a excepción de Juan. Siendo ahora un hombre mayor, Juan proporciona un suplemento a lo que ya ha sido escrito sobre Jesús en los tres primeros Evangelios. Su relato presenta el caso más directo y poderoso a favor de la deidad y humanidad del Hijo encarnado de Dios. Si se lee junto con los otros relatos de Mateo, Marcos y Lucas, el lector tendrá un retrato completo de Jesús, el Dios-hombre. En Él, la perfecta humanidad y la deidad se fusionan, haciendo de Él el único sacrificio posible para los pecados de la humanidad.

Esquema

▶ **Capítulo 1:1-14** *La encarnación del Verbo*

La introducción al Evangelio de Juan demuestra que Jesucristo es el Dios eterno que se hizo carne para revelarse a sí mismo ante su creación y proporcionar regeneración espiritual a los que lo reciban.

▶ **Capítulos 1:15–11** *El ministerio público de Jesús*

Jesús realiza milagros y dialoga con personas como Nicodemo, la mujer en el pozo y una mujer adúltera, sobre la naturaleza de la realidad espiritual.

▶ **Capítulos 12–17** *El ministerio a los discípulos de Jesús*

En los días anteriores a su muerte y resurrección, Jesús se centra en la enseñanza a sus discípulos sobre su divina tarea, la venida del Espíritu Santo, la importancia de estar unidos a Él y cómo vivir para Él en un mundo hostil. Jesús después ora por sus seguidores para que vieran su gloria, estuverian protegidos del mundo, y fueran santificados y unificados para que pudieran ser testigos que atrajeran a los demás a creer en Cristo.

▶ **Capítulos 17–21** *Las últimas horas y la resurrección de Jesús*

Jesús es arrestado, juzgado y crucificado, todo para cumplir con las Escrituras. Después, tres días más tarde, Él resucita. Cuando el Evangelio termina, el Señor resucitado instruye a Pedro, que anteriormente lo había negado, para asumir la responsabilidad como líder de este pequeño grupo de creyentes y alimentar a sus ovejas, su pueblo.

Mensaje principal

Juan ofrece una declaración precisa de su propósito al escribir: "Pero éstas se han escrito para que creáis que Jesús es el Cristo, el Hijo de Dios, y para que creyendo, tengáis vida en su nombre" (Jn. 20:31). Juan, de todo corazón, quiere que sus lectores "crean" en Jesús como su Dios y Salvador. De hecho, utiliza el término "creer" unas 100 veces para comunicar su mensaje. Génesis comienza con el hombre hecho a imagen de Dios, Juan comienza con Dios hecho a imagen del hombre, o como escribe Juan: "Y aquel Verbo fue hecho carne…" (1:14). Se presenta a Jesús como "el Verbo", la personificación de la verdad, la vida y la gloria del Dios eterno.

Más tarde Juan muestra la relevancia de la venida de Jesús a la tierra en su frase: "Porque de tal manera amó Dios al mundo, que ha dado a su Hijo unigénito, para que todo aquel que en él cree, no se pierda, mas tenga vida eterna" (Jn. 3:16). Y para ayudar a convencer mejor a sus lectores de la verdadera identidad de Jesús, Juan organiza todo su Evangelio alrededor de ocho milagros; esto es, "señales" o pruebas. Solo Dios podía realizar esos milagros. Y solo el Dios-hombre podía morir como sacrificio perfecto en lugar de los pecadores.

Aplicación personal

Solo un necio ignoraría las señales en la carretera en una zona peligrosa de montaña. De la misma forma, solo un necio espiritual ignoraría las señales de la salvación. Observe las señales que le hablan de la vida eterna de Jesucristo —que prueban que Él es el Hijo de Dios—. ¿Lo cree? Si es así, usted tiene vida —vida eterna—. No se pierda las señales que Dios ha colocado ante usted. ¡Ore para tener ojos capaces de ver!

Lecciones para la vida en Juan

▶ Jesús es Dios en carne, y es el camino, la verdad y la vida.

▶ Solo teniendo relación con Jesús, podrá experimentar a Dios.

▶ Usted se convierte en hijo de Dios si recibe a Jesús.

▶ Jesús puede olvidar hasta sus pecados más atroces.

▶ Aunque a veces usted puede fracasar, Jesús le extiende su perdón y ansía tenerlo de vuelta.

▶ La restauración convierte lo inútil en útil.

Dónde encontrarlo

Los siete "Yo soy" de Jesús

Yo soy el pan de vida .... Juan 6:35, 48

Yo soy la luz del mundo .... Juan 8:12; 9:5

Yo soy la puerta .... Juan 10:7, 9

Yo soy el buen pastor .... Juan 10:11, 14

Yo soy la resurrección y la vida .... Juan 11:25

Yo soy el camino, la verdad y la vida .... Juan 14:6

Yo soy la vid verdadera .... Juan 15:1, 5

Ocho señales de la naturaleza divina de Jesús

1. Convertir agua en vino. . . . . Juan 2:1-11
2. Curar al hijo de un oficial del rey . . . . .Juan 4:46-54
3. Curar al paralítico de Betesda. . . . . Juan 5:1-9
4. Alimentar a 5000 con cinco panes y dos peces . . . . Juan 6:1-14
5. Caminar sobre el agua. . . . . Juan 6:15-21
6. Devolver la vista a un ciego .Juan 9:1-41
7. Resucitar a Lázaro . . . .Juan 11:1-44
8. Dar a sus discípulos una gran pesca. . . . . Juan 21:1-14

Hechos

…recibiréis poder, cuando haya venido sobre vosotros
el Espíritu Santo, y me seréis testigos en Jerusalén,
en toda Judea, en Samaria, y hasta lo último de la tierra.
(1:8)

☖

Tema: La expansión del evangelio
Fecha: 60-62 d.C.
Autor: Lucas, un médico griego
Lugar: De Jerusalén a Roma

Jesús dijo en el Evangelio de Mateo que Él edificaría su iglesia, y que las puertas del Hades no prevalecerían contra ella. Hechos es el relato de Lucas sobre el crecimiento de la iglesia primitiva. Como secuela de su relato de la vida de Jesús en el Evangelio de Lucas, él continúa la historia de lo que sucedió después de que este regresó a los cielos. Una vez más dirige su escrito a un griego llamado Teófilo. En Hechos, la iglesia comienza con tan solo 120 personas reunidas en el aposento alto, donde Jesús tomó la Última Cena con los discípulos. Pero con la venida del Espíritu Santo prometido, estos pocos fueron capacitados y dieron testimonio de forma valiente ante todo aquel que quiso escuchar hablar del mensaje de la resurrección de Jesús, un mensaje capaz de cambiar vidas. A pesar de la severa oposición y persecución, la valerosa iglesia experimenta un explosivo crecimiento. Hechos 1:8 ofrece un esquema que nos permite seguir los 30 años de crecimiento de la iglesia que relata Lucas, crecimiento que comienza en Jerusalén, se extiende a Samaria y después al mundo.

Esquema

▶ **Capítulos 1–7** *Testimonio en Jerusalén*

Las buenas nuevas de la resurrección de Jesús son dadas primero a los judíos. Después el Espíritu Santo viene sobre los seguidores que están en el aposento alto, Pedro predica un poderoso sermón, y 3000 personas responden. Más tarde, tras una impactante curación a un hombre que era cojo de nacimiento, Pedro dice un segundo sermón, y miles más empiezan a creer en Jesús. Los líderes religiosos se sienten amenazados por estos impresionantes sucesos y matan a Esteban —un ayudante de los apóstoles, un servidor de viudas y un gran predicador de la verdad— como ejemplo para otros cristianos, esperando así detener su testimonio y este nuevo movimiento religioso centrado en Jesucristo.

▶ **Capítulos 8–12** *Testimonio en Samaria*

La muerte de Esteban y la posterior persecución de los cristianos disipan algo el explosivo crecimiento en Jerusalén, pero con la dispersión de la iglesia, el mensaje sobre Cristo se extiende a Samaria, una región vecina. Pedro y Juan, dos de los discípulos de Jesús, vienen a la región y confirman que Dios estaba obrando allí. Ejerciendo su autoridad como apóstoles de Cristo, imparten el Espíritu Santo a los nuevos creyentes.

▶ **Capítulos 13–20** *Testimonio hasta lo último de la tierra*

Lucas cambia ahora su centro de atención de Pedro a un fariseo lleno de celo llamado Pablo, que había conocido al Señor Jesús resucitado y se había convertido cuando estaba de camino a Damasco para perseguir a los cristianos. Pablo se convierte ahora en un testigo del Cristo resucitado como los otros apóstoles, y el Salvador le da la comisión de llevar el mensaje de su resurrección a los gentiles. Pablo y su equipo hacen tres viajes misioneros en los que fundan nuevas iglesias y entrenan líderes durante un periodo de nueve años.

▶ **Capítulos 21–28** *Testimonio ante los líderes*

Como parte de su comisión, a Pablo se le dijo que él iba a ser "instrumento escogido" de Jesús para llevar su nombre en presencia de los gentiles, y de reyes, y de los hijos de Israel (ver Hch. 9:15). En estos últimos capítulos, Pablo da testimonio ante el consejo judío, conocido como el Sanedrín. Después pasa dos años en Cesarea, donde predica el evangelio a dos gobernadores romanos y a un rey antes de apelar en su propia defensa ante el César de Roma. Hechos termina con el viaje de Pablo a Roma, donde da testimonio a todo el que quiere escuchar, mientras espera su juicio ante César, el dirigente del Imperio romano.

Mensaje principal

Hechos es el vínculo histórico entre los Evangelios y las cartas de instrucción (las *epístolas*) que forman el resto del Nuevo Testamento. Es la historia de la iglesia y su fuerza energizante: el Espíritu Santo. En realidad, Hechos se podría considerar como "los Hechos del Espíritu Santo" que obra en los apóstoles y a través de ellos. Lucas no es un observador destacado de los hechos históricos, sino que participa personalmente en la extensión del evangelio. No obstante, nunca se nombra a sí mismo en sus escritos. Solo ocasionalmente al escribir, se incluye a sí mismo en la acción con el pronombre *nosotros*.

Aplicación personal

¿Se considera usted parte de ese "nosotros" cuando se trata de compartir el evangelio? ¿Toma parte en la acción o es un mero espectador? Usted ha recibido la misma comisión y el mismo poder que les fue dado a Lucas y a los otros primeros discípulos. No se quede al margen mirando cómo los demás comparten su fe en Cristo resucitado. Salga con el poder del Espíritu Santo a compartir lo que ha visto y oído. Después regrese y observe la obra que el Espíritu de Dios ha realizado a través del testimonio que usted ha dado.

Lecciones para la vida en Hechos

▶ Jesús le ha dado la comisión de ser su testigo.

▶ El Espíritu Santo lo capacita para llevar a cabo ese testimonio.

▶ Todos los ministerios son importantes en la iglesia, incluso "servir mesas".

▶ Tiene que dar testimonio fiel de la resurrección y dejar los resultados a Dios.

▶ Cuando da testimonio, suele recibir dos respuestas al evangelio: aceptación o rechazo.

Dónde encontrarlo

Los tres viajes misioneros de Pablo

Los tres viajes	Duración	Zona
Hechos 13:2—14:28	Un año	Chipre, Galacia
Hechos 15:36—18:22	Dos años	Corinto
Hechos 18:23—21:16	Cuatro años	Efeso

Los libros doctrinales

⟁

Con el fin de Hechos y de los libros históricos del Nuevo Testamento, la Biblia pasa a las 22 cartas (llamadas epístolas). Son cartas de doctrina: enseñan e instruyen sobre la fe y la práctica cristianas.

Las primeras nueve epístolas (Romanos a 2 Tesalonicenses) están escritas por el mismo autor humano: el apóstol Pablo, y contienen muchas de las doctrinas o elementos esenciales de la fe cristiana. Todas están dirigidas a asambleas cristianas o iglesias.

Las cuatro que van a continuación (1 Timoteo hasta Filemón) también están escritas por Pablo, pero están dirigidas a personas particulares. Sus contenidos se centran en las relaciones personales.

Las últimas nueve cartas del Nuevo Testamento (de Hebreos a Apocalipsis) van dirigidas a grupos diseminados por todo el mundo. Su mensaje trata temas como la persecución, los falsos maestros, la superioridad de Cristo y su pronto regreso. Aunque el libro de Apocalipsis se centra en su mayor parte en el plan profético de Dios para el futuro, también es una carta de Jesucristo, transmitida a través del apóstol Juan, que confirma la autoridad de Cristo y su preocupación por la iglesia. Apocalipsis termina con un maravilloso vistazo al futuro hogar de la iglesia en el cielo.

Romanos

Porque en el evangelio la justicia de Dios se revela
por fe y para fe, como está escrito:
Mas el justo por la fe vivirá.
(1:17)

Tema: La justicia de Dios
Fecha: 56-57 d.C.
Autor: Pablo
Lugar: Corinto

Hacia el final de su tercer viaje misionero, Pablo escribe su carta a la iglesia de Roma desde la ciudad griega de Corinto. Él ha venido de Efeso, una ciudad que estaba en lo que ahora es la moderna Turquía, donde pasó tres años fundando y fortaleciendo una iglesia. Cuando se prepara para viajar a la iglesia de Jerusalén con una ofrenda para los creyentes pobres, se detiene el tiempo suficiente como para escribir a una iglesia que nunca ha visitado. Escribe no para corregir ningún error doctrinal, sino para presentarse a sí mismo a la iglesia de Roma para que esta pueda orar por él, animarlo y ayudarlo a planear su futuro ministerio en España. Pero siendo el maestro que es, Pablo no puede evitar enseñar también a sus nuevos amigos la justicia que procede de Dios, las grandes verdades del evangelio de gracia.

Esquema

▶ **Capítulos 1–3:20** *El problema de la justicia*

Todas las personas del mundo son culpables de pecado, lo cual las separa de Dios y las condena a una eternidad sin Él. Incluso los que son moralmente buenos, son, interiormente, pecadores porque "...No hay justo, ni aun uno... No hay quien busque a Dios" (Ro. 3:10-11). Por lo tanto, todos merecen ser juzgados y condenados.

▶ **Capítulos 3:21–5:21**   *La provisión de justicia*

Dios proporciona la solución al problema del pecado del hombre y su juicio enviando a Jesucristo a la tierra para tomar el juicio que los pecadores merecen. Jesús, que es perfectamente justo y no tiene pecado, se convierte en pecado en la cruz. Toma el pecado del hombre y su castigo sobre Él, liberando así del pecado a los que confían en Él haciéndolos justos ante Dios.

▶ **Capítulos 6–8**   *El poder que hay en la justicia*

Los cristianos —los que creen en Cristo como su Salvador— son declarados justos y poseen una nueva vida. Sin embargo, todavía sigue habiendo una lucha diaria con el pecado que hay en la carne. Con la ayuda del Espíritu Santo, los creyentes tienen el poder de hacer las elecciones correctas y evitar el pecado. Es más, para los creyentes, no hay condena eterna, y no hay nada que pueda separarlos del amor de Dios.

▶ **Capítulos 9–11**   *La promesa de la justicia*

Aunque el pueblo de Israel rechazó al Señor Jesucristo, la promesa de Dios de redimirlos y restaurarlos algún día aún sigue en pie. Dios no ha terminado con Israel; está llegando un tiempo en el que su ceguera se terminará, las personas serán liberadas y también recibirán la justicia de Dios.

▶ **Capítulos 12–16**   *El patrón de la justicia*

Los cristianos han sido declarados justos por Dios. Poseen una nueva vida porque en ellos vive el Espíritu Santo. La transformación interna dará como resultado la transformación exterior. Lo que hay de verdad dentro del corazón de una persona se refleja en su vida. Algunas de las señales de una vida transformada son: rendirse ante Dios, someterse a su autoridad, amar a nuestros vecinos, seguir el ejemplo de Cristo, soportar las cargas de los demás y servir con diligencia.

Mensaje principal

Pablo varias veces había querido visitar la iglesia de Roma, pero había tenido obstáculos. Fundó muchas otras iglesias y preparó muchos líderes nuevos para estas, y ahora era el momento de seguir adelante. Por eso, quiere viajar y predicar en una zona nueva, España, y la iglesia de Roma queda de camino hacia allí. Parece que comenzó con creyentes que habían huido de Jerusalén tras la muerte de Esteban y la persecución que vino a continuación (ver Hch. 8:1). Pablo siente que tiene un vínculo común con los creyentes de Roma, y ansía verlos cara a cara y enseñarles lo que ha aprendido sobre la salvación de Dios a través de Jesucristo. Como un abogado experimentado, Pablo presenta los hechos del evangelio y declara que todos estamos perdidos sin la intervención de Dios. Después explica que Dios intervino enviando a su Hijo, el Señor Jesucristo, para ser el Salvador de todos los creyentes. La carta a los romanos es el tratado sobre salvación más poderoso, lógico y articulado que se ha escrito nunca. No hace falta decir que este escrito ha influido en la historia del cristianismo más que ninguna otra epístola.

¿Quién debería tener la responsabilidad de llevar este documento a Roma? ¿Cuál de los líderes sería el responsable de hacerlo? ¿Cuántos hombres deberían llevarlo, dos, cuatro o más? Le sorprenderá saber que la tarea le fue dada a una mujer llamada Febe. Pablo le pide que lleve este grandioso documento durante cientos de kilómetros hasta Roma. ¿Cuáles son sus cualificaciones para ello? Solo ser sierva de la iglesia y fiel ayudante de muchos, incluido Pablo.

Aplicación personal

Todos los hombres y todas las mujeres son pecadores. (Esto nos incluye a usted y a mí). El pecado separa a la humanidad de Dios. Pero Dios ha extendido misericordiosamente una oferta de salvación a todos aquellos que ponen su fe y confianza en Él. ¿Ha aceptado usted la oferta de salvación de Dios? Si lo ha hecho, posee la justicia del Padre en Cristo. Ahora Dios espera que usted viva una vida recta que lo honre a Él.

Lecciones para la vida en Romanos

▶ Todo lo que recibe como cristiano —salvación, justificación, santificación y algún día glorificación— es obra de la gracia de Dios.

▶ Un cambio interno producirá su correspondiente fruto externo. Todo lo que haya de verdadero en su corazón se demostrará en sus acciones.

▶ La justicia de Dios es un don que se puede recibir solo mediante la fe, no se consigue mediante obras.

▶ La fidelidad en las pequeñas cosas lo prepara para las tareas más grandes de Dios.

Dónde encontrarlo

El Espíritu Santo

Su personificación

- El uso de "Él" y "le" (Jn. 14:17)
- Su intelecto (1 Co. 2:11)
- Su voluntad (1 Co. 12:11)
- Sus emociones (Ef. 4:30)
- Su fuego apagado (1 Ts. 5:19)

Su ministerio

- Su preocupación por los creyentes (Jn. 14:16, 26)
- Convencerá del pecado (Jn. 16:8-11)
- Su guía (Jn. 16:13)
- Su glorificación de Cristo (Jn. 16:14)
- Su elección (Hch. 13:2)
- Su dirección (Hch. 16:6-7)
- Su intercesión (Ro. 8:26-27)
- Sella a los creyentes (Ef. 4:30)

1 Corintios

*Si, pues, coméis o bebéis, o hacéis otra cosa,
hacedlo todo para la gloria de Dios.*
(10:31)

Tema: La conducta cristiana
Fecha: 55 d.C.
Autor: Pablo
Lugar: Efeso

Mientras el apóstol Pablo está enseñando y predicando en Efeso (una ciudad en lo que es ahora la moderna Turquía) durante su tercer viaje misionero, llegan visitantes de la iglesia de Corinto, una iglesia que él había fundado en Grecia unos tres años antes. Un grupo de visitantes cuenta noticias inquietantes sobre facciones, inmoralidad y litigios dentro del cuerpo de creyentes. Otro grupo llega con preguntas difíciles sobre matrimonio, divorcio, comer alimentos ofrecidos a los ídolos, temas del culto público y la resurrección del cuerpo. Utilizando el poder y la autoridad que le ha dado Dios como apóstol —enviado por Él como portavoz—, Pablo escribe la primera de las dos cartas a los creyentes de Corinto para dirigirse a ellos de forma firme por su deplorable conducta y para responder a sus preguntas.

Esquema

▶ **Capítulos 1–2** *La necesidad de la verdadera unidad*

Pablo está preocupado por las divisiones y la enemistad dentro de la iglesia de Corinto. Le recuerda al pueblo que el mensaje de la cruz, fortalecido por el Espíritu Santo, es la base de la verdadera unidad.

▶ **Capítulo 3**   *La naturaleza de la verdadera espiritualidad*

Pablo señala que como personas espirituales, no deberíamos vivir de manera mundana. Dios quiere que todos los cristianos recuerden a quién pertenecen. Eso debería afectar su manera de vivir la vida, porque todos los creyentes serán juzgados por sus obras y recompensados de acuerdo con su servicio.

▶ **Capítulos 4–11**   *Los problemas en la iglesia*

Como muchos de los creyentes de Corinto no están viviendo una auténtica vida espiritual, la iglesia tiene muchos problemas. Pablo critica que sientan devoción por cualquier líder individual (incluido él mismo). Los condena por pasar por alto la inmoralidad sexual, por emprender acciones legales unos contra otros, por descuidar las enseñanzas de Dios sobre el matrimonio y por tomar la Cena del Señor tan a la ligera.

▶ **Capítulos 12–16**   *Los recursos para resolver los problemas*

Después Pablo presenta enseñanzas que pretenden ayudar a la iglesia a volver al camino correcto. Primero les recuerda que todos son miembros del Cuerpo de Cristo en conexión unos con otros. Como tales, todos tienen una serie de dones que ofrecerse mutuamente. Estos dones deberían utilizarse de forma ordenada, con el amor como motivación principal. Luego Pablo resalta la importancia de la resurrección de Cristo, que es la base de la futura resurrección de los creyentes. Cuando Cristo resucitó venció la muerte e hizo posible nuestra salvación. Es el poder mediante el cual podemos vivir una vida cristiana.

Mensaje principal

La carta de Pablo a los corintios está llena de exhortaciones para que los creyentes de ese lugar actúen como cristianos. Su problema más serio es la mundanalidad. No están dispuestos a abandonar la cultura que los rodea. No podían separarse de forma continuada de su vida pagana anterior. Sus antiguas creencias estaban minando su comportamiento actual.

La cultura corrupta de los corintios de los tiempos de Pablo se parece mucho a la que tenemos en la actualidad. Y desdichadamente, muchas iglesias hoy día demuestran tener la misma inmadurez espiritual que Pablo veía en los creyentes corintios. La inmoralidad, el divorcio, los litigios, la división, el mal uso de los dones espirituales y la falta de amor son un problema tan grande hoy como lo era entonces.

Aplicación personal

¿Cuál es la respuesta? Es la misma que en esa época. Al igual que Pablo intenta corregir a los corintios a través de la enseñanza correcta, usted y yo necesitamos corregir nuestro comportamiento entendiendo adecuadamente la Palabra de Dios. Sea consciente de ello o no, su comportamiento es influido por su cultura, que está llena de formas equivocadas de pensar. Con la ayuda de Dios, haga que sus acciones vuelvan a estar en consonancia con los criterios de Dios leyendo, estudiando y obedeciendo su Palabra.

Lecciones para la vida en 1 Corintios

▶ Dios le ha dado "dones espirituales" únicos y especiales para que usted los utilice para apoyar y hacer que madure el Cuerpo de Cristo.

▶ Utilizar los dones espirituales sin mostrar amor carece de sentido.

▶ Dios se toma la inmoralidad sexual muy en serio.

▶ La Cena del Señor es una celebración importante y no debería tomarse a la ligera.

▶ Los líderes cristianos deberían ser tratados con respeto y honor a causa del llamamiento para la vida que Dios les ha dado.

▶ Los cristianos no deberían tener litigios entre ellos.

Dónde encontrarlo

¿Qué es el amor?

1 Corintios 13:4-8
El amor es sufrido,
es benigno;
el amor no tiene envidia,
el amor no es jactancioso,
no se envanece;
no hace nada indebido,
no busca lo suyo,
no se irrita,
no guarda rencor;
no se goza de la injusticia,
mas se goza de la verdad.
Todo lo sufre,
todo lo cree,
todo lo espera,
todo lo soporta.
El amor nunca deja de ser.

2 Corintios

Porque no nos predicamos a nosotros mismos,
sino a Jesucristo como Señor, y a nosotros
como vuestros siervos por amor de Jesús.
(4:5)

☩

Tema: Pablo defiende su apostolado
Fecha: 56 d.c.
Autor: Pablo
Lugar: Filipo (de camino a Corinto)

Después de escribir 1 Corintios, Pablo planea quedarse un poco más en Efeso antes de ir a Corinto. Sin embargo, su estancia se ve truncada debido a los disturbios de los comerciantes por los efectos que el cristianismo tiene en la venta de ídolos. Pablo envía a sus jóvenes discípulos, Tito y Timoteo, por delante para averiguar qué efectos tienen las exhortaciones en los creyentes corintios. Cuando el apóstol va de viaje hacia allí, Tito se reúne con él y le cuenta que los corintios se han arrepentido de haberse resistido a Pablo y sus enseñanzas. Con gran gozo, pero lleno de preocupación por las nuevas amenazas y las actitudes de rebeldía, Pablo escribe esta segunda carta.

Esquema

▸ **Capítulos 1–2** *El testimonio personal de Pablo*

La segunda carta de Pablo a los corintios es una defensa de su vida y ministerio, que algunos habían cuestionado. Da las gracias a Dios por ayudarle a superar los malos momentos y darle tantas alegrías. También reflexiona sobre la increíble oportunidad que tienen los cristianos de ser los representantes de Cristo en el mundo.

▶ **Capítulos 3–7** *La naturaleza del ministerio cristiano*

Pablo entra en una amplia defensa de su ministerio, señalando el fruto que este ha dado —muchos convertidos— como credencial de su ministerio y la evidencia del llamamiento que Dios le ha dado en la vida. Glorifica el poder dador de vida del evangelio capaz de transformar los corazones y aportar auténtica libertad espiritual. Pablo anima a los creyentes a que, aunque pasen por momentos de sufrimiento a causa del evangelio, no tengan miedo a la muerte porque esta no es el final. Dice que la naturaleza del auténtico ministerio es que esté motivado por el amor de Cristo, sus acciones sean intachables, y su estilo de vida sea puro.

▶ **Capítulos 8–13** *La gloria del ministerio cristiano*

Al escuchar las noticias que trae Tito del arrepentimiento de los corintios, Pablo se lanza a la discusión más larga del Nuevo Testamento sobre los principios y la práctica de dar ofrendas para apoyar los ministerios. También utiliza la autoridad que Dios le ha dado, sus conocimientos, sufrimientos, visiones y milagros como credenciales, para instar a la rebelde minoría de Corinto a arrepentirse para no tener que ser demasiado severo cuando llegue allí en persona.

Mensaje principal

Tito está feliz de informar a Pablo de la actitud de arrepentimiento de la iglesia de Corinto, pero también le informa que falsos maestros han llegado con cartas de presentación de la iglesia de Jerusalén. Con gran autoridad, estos maestros denuncian la posición y el apostolado de Pablo, y comienzan a predicar una falsa doctrina. Pablo actúa rápidamente y envía una segunda carta a los corintios. En ella advierte a la iglesia en contra de las herejías y reivindica que su apostolado es verdadero. Por esta razón, esta carta contiene más de la historia personal de Pablo que cualquiera de las otras cartas. Está llena de menciones a sus sufrimientos y padecimientos. Incluso comenta sobre su "aguijón en la carne" (12:7-10), explicando cómo Dios utilizó sus padecimientos para mantenerlo humilde y enseñarle de lo que Él era capaz. Mediante todo este sufrimiento, Pablo confirma la fidelidad de Dios para reconfortar a través de su gracia todo suficiente. El Señor consoló a Pablo para que él ahora pudiese consolar a otros.

Aplicación personal

Cuando busque vivir para Cristo, probablemente usted sea calumniado, incomprendido, minado y acusado falsamente. Cuando esto suceda, haga como hizo Pablo. Mire a Cristo. Recuerde lo que usted es en Él. Comparta lo que Dios ha hecho en usted y a través de usted. En lugar de temer los padecimientos que surgen en su camino, anímese pensando en que Dios es fiel. Su fuerza es suficiente para cualquier problema por el que esté pasando ahora o que pueda sobrevenirle en el futuro. Él es el "Dios de toda consolación" (2 Co. 1:3) y promete reconfortarlo en todas sus tribulaciones. Pero el consuelo de Dios no es un fin en sí mismo. Él lo consuela a usted para que usted a su vez consuele a otros.

Lecciones para la vida en 2 Corintios

▶ Dios ha dado líderes ministeriales para que cuiden de su rebaño o de su pueblo. Estos líderes tienen que estar libres de culpa, ser puros, y estar dedicados al servicio. Unos líderes así merecen su honor y respeto.

▶ Ningún cristiano —incluido usted— es inmune al sufrimiento. En muchos casos, los obreros de Dios sufren más que los no cristianos.

▶ Dios utiliza las dificultades para enseñarle a ser humilde y a depender de su gracia en lugar de confiar en su propia fuerza.

▶ Usted debería apoyar financieramente la obra de Dios, con sacrificio, gran gozo y sentido de la responsabilidad.

Dónde encontrarlo

Contenido clave en...

1 Corintios:

Ayuda práctica para cristianos

Trata la conducta inadecuada

Responde preguntas sobre ciertos temas

Aconseja contra la mundanalidad

Añade información sobre la Última Cena

Asegura la resurrección

2 Corintios:

Vida personal de Pablo

Comparte su corazón y amor

Responde a los que lo acusan

Advierte sobre los falsos maestros

Da razones para las ofrendas

Ofrece experiencia personal sobre el sufrimiento

Gálatas

Estad, pues, firmes en la libertad
con que Cristo nos hizo libres, y no estéis
otra vez sujetos al yugo de esclavitud.
(5:1)

Tema: Libertad en Cristo
Fecha: 49 d.C.
Autor: Pablo
Lugar: Antioquía

Recién llegado de Jerusalén a su iglesia natal en Antioquía, donde el tema de que solo la fe en Cristo proporciona la salvación ha sido reafirmado, a Pablo le impactan unas noticias angustiosas. Escucha que muchos de los gálatas que se habían hecho cristianos durante su primer viaje misionero han caído presa de la herejía que dice que los creyentes gentiles deben someterse a todas las leyes mosaicas antes de poder convertirse en cristianos. Pablo escribe inmediatamente esta carta para defender la justificación solo por fe y advierte a las iglesias de Galacia sobre las fatales consecuencias de abandonar el evangelio puro de Cristo como único medio de salvación.

Esquema

▶ **Capítulos 1–2** *Preocupación por el evangelio puro*

Pablo comienza amonestando a las iglesias de las ciudades del sur de Galacia, Antioquía, Iconio, Listra y Derbe (Hch. 13:14—14:23). Las previene sobre los que no enseñan el evangelio de la fe solo en Cristo. Estos maestros añaden al evangelio la observancia del ritual religioso diciendo que estas buenas "obras" son necesarias para complacer a Dios. Pero esto es legalismo, el cual busca ganar la aprobación de Dios mediante las obras. Cristo, explica Pablo, ya ha hecho por nosotros todo lo necesario para nuestra salvación.

▶ **Capítulos 3–4** *Defensa del evangelio puro*

Pablo señala a Abraham, el gran líder del Antiguo Testamento, y esencialmente dice: "Abraham no se salvó cumpliendo los requerimientos religiosos, sino creyendo en Dios". Como Abraham creía, Dios le otorgó rectitud. Pablo explica que obedecer la ley no puede salvar a nadie. De hecho, solo condena a las personas a ser pecadoras. Los cristianos se hacen rectos con Dios no mediante la ley, sino por la gracia de Dios, que garantiza la salvación y la libertad en Cristo.

▶ **Capítulos 5–6** *Libertad del evangelio puro*

Pablo enseña a los gálatas cristianos que han de disfrutar de la libertad en Cristo y no ser esclavizados intentando ganarse el favor de Dios mediante la observancia religiosa o las buenas obras. La verdadera bondad no procede del esfuerzo personal, sino de someterse al Espíritu Santo para que Él pueda crear el fruto de la rectitud en nuestra vida. En lo que se refiere a tener un buen modo de vida cristiano, nadie puede presumir de su éxito, solo de la cruz de Cristo. Él hizo que todo fuera posible.

Mensaje principal

La justificación solo por la fe es el tema de esta carta urgente escrita por Pablo para sus amigos y compañeros creyentes. Él dividió su argumentación en tres secciones con tres propósitos: 1) Defender su autoridad apostólica, la cual confirma su mensaje del evangelio. 2) Refutar las falsas enseñanzas sobre la justificación mediante la ley utilizando la misma ley mosaica para enseñar los principios de la justificación solo por la fe. 3) Mostrar que la libertad de la ley no significa anarquía, sino que, por la gracia de Dios, los creyentes son libres para amarlo y servirle obedientemente.

Aplicación personal

Liberarse de un hábito adictivo o de una opresión política es un sentimiento glorioso. Mucho mejor aun es la libertad espiritual que acompaña a la fe solo en Jesucristo. Si es usted cristiano, ya no está bajo las regulaciones y los juicios de la ley. Cristo ya lo ha liberado de las obras religiosas. No hay nada más emocionante que saber que nuestro pasado ha sido perdonado y uno es libre para vivir una vida santa por el poder del Espíritu Santo que reside en nosotros. Sin embargo, con la libertad llega la responsabilidad. Usted es responsable de servir a su Salvador y hacer su voluntad. No es libre para desobedecer a Cristo. Por lo tanto, utilice su libertad para amar y servir, no para actuar de forma equivocada.

Lecciones para la vida en Gálatas

▶ Usted recibe los dones de salvación y el amor de Dios únicamente por la gracia.

▶ No hay nada que usted pueda hacer para conseguir el favor de Dios.

▶ No puede realizar buenas obras por sí mismo, solo puede hacerlas con la ayuda del Espíritu Santo.

▶ Cuando usted se rinde a Dios, Él produce el fruto del Espíritu en su vida.

▶ Solo Cristo hace posible todo lo que usted es como cristiano.

Dónde encontrarlo

Las obras de la carne

Gálatas 5:19-21

Adulterio	Fornicación
Inmundicia	Lascivia
Idolatría	Hechicerías
Enemistades	Pleitos
Celos	Iras
Contiendas	Disensiones
Herejías	Envidias
Homicidios	Borracheras
Orgías	Y cosas semejantes a estas

El fruto del Espíritu

Gálatas 5:22-23

Amor	Gozo
Paz	Paciencia
Benignidad	Bondad
Fe	Mansedumbre
Templanza	

Efesios

Bendito sea el Dios y Padre
de nuestro Señor Jesucristo,
que nos bendijo con toda bendición espiritual
en los lugares celestiales en Cristo.
(1:3)

Tema: Bendición en Cristo
Fecha: 60-62 d.C.
Autor: Pablo
Lugar: Una prisión en Roma

Una de las iglesias primitivas más prominente era la iglesia de Efeso. Pablo la fundó y pasó allí tres años enseñando a sus miembros. Ahora, unos seis o siete años después, él está prisionero en Roma esperando un juicio ante el César. Mientras espera, escribe esta carta. A diferencia de otras cartas suyas, no está escrita para hablar de alguna herejía o de un problema específico en una iglesia. Efesios es una carta de ánimo. En ella Pablo describe la naturaleza de la iglesia, que no es una *organización*, sino un *organismo* vivo: el Cuerpo de Cristo. Después anima a los lectores a funcionar como el Cuerpo vivo de Cristo en la tierra.

Esquema

▶ **Capítulos 1–3** *La poderosa bendición en Cristo*

Pablo comienza su epístola con una destacable lista de bendiciones espirituales que todos los creyentes han recibido. Los que creen en Cristo han sido elegidos por Dios, redimidos por Cristo y reciben una herencia celestial a través de Él. Han sido adoptados, redimidos, se les ha dado gracia y han recibido la ciudadanía. A través del poder del Espíritu Santo, pueden experimentar la plenitud de la vida en Cristo. Cada creyente es una parte del Cuerpo de Cristo, la Iglesia. Dios está transformando a su pueblo en un templo en el que morar. Pablo ora para que sus lectores reciban entendimiento espiritual para que puedan percibir lo que es de hecho su posición en Cristo: ¡Tienen poder!

▶ **Capítulos 4:1–5:20** *El poder para vivir*

Pablo pasa ahora de enfatizar la *doctrina* en los tres primeros capítulos a centrarse en los tres últimos, en el *deber* y en cómo debe ser llevado a cabo. Pablo explica que mediante el poder del Espíritu, los creyentes tienen que deshacerse de su viejo yo y vivir según su nuevo yo. Este admirable camino de amor conduce a un modo de vida santo, ya que los cristianos se convierten en imitadores de Dios. De eso se trata estar lleno del Espíritu.

▶ **Capítulos 5:21–6:9** *El poder para amar y trabajar*

De la misma manera que Cristo amó a su Iglesia, los esposos tienen que amar a sus esposas, y las esposas deben someterse de buen grado al liderazgo piadoso de sus esposos. La vida en Cristo significa también que los hijos deben obedecer a sus padres, y los padres conducir a sus hijos con amor y discernimiento. Finalmente, los esclavos (o en nuestro mundo actual, los obreros) tienen que someterse a sus empleadores, haciendo su trabajo como si estuvieran trabajando para Cristo. Pablo no omite a los amos o a los jefes, sino que los anima a liderar adecuadamente, sabiendo que el dueño final es Jesucristo.

▶ **Capítulos 6:10–24** *El poder para la batalla*

Cuando los creyentes caminan en Cristo, se pueden encontrar con la oposición del enemigo de las almas: el diablo. Sin embargo, tienen armas que Dios les ha proporcionado para utilizarlas en contra de las tentaciones y los ataques. Estas herramientas son de naturaleza espiritual, no física. Son la fe, la oración y la Palabra de Dios. Con estas armas espirituales, los cristianos pueden luchar en la batalla de la vida y ¡salir victoriosos!

Mensaje principal

Pablo escribe su epístola a la iglesia de Efeso para que sus miembros sean más conscientes de sus recursos espirituales. Utiliza los tres primeros capítulos para describir de dónde vienen esos recursos: de su relación con Cristo y su posición en Él. Después se pasa los tres últimos capítulos animando a sus líderes a sacar partido a estos recursos para poder vivir su vida cristiana de una manera victoriosa. Diciéndolo de otra manera: la primera parte de la epístola describe la *riqueza* del creyente que está en Cristo, y la última parte anima al creyente a *caminar* en Cristo.

Aplicación personal

Todo el que confíe en Dios posee un interminable suministro de bendiciones espirituales. Desdichadamente, la mayoría de los creyentes actúan como si fueran mendigos espirituales y viven derrotados. ¿Por qué? Muchos no son conscientes de todos los recursos que les pertenecen por estar en Cristo y, por lo tanto, son incapaces de acceder a esos recursos divinos. ¿Comprende cuáles son sus recursos en Cristo? Si no es así, Efesios le ayudará a averiguarlo. Si usted no sabe cuáles son sus recursos, entonces comience a caminar o continúe haciéndolo como es digno de la vocación con que fue llamado (ver Ef. 4:1).

Lecciones para la vida en Efesios

▶ Recuerde que solo en Cristo usted puede crecer y madurar espiritualmente.

▶ Dios le ha dado las herramientas que necesita para luchar contra el enemigo.

▶ Debe utilizar los recursos de Dios para obtener la victoria espiritual.

▶ Todo lo que haga debe ser hecho para el Señor.

▶ Dios ha establecido un orden que usted debe seguir para que su vida familiar tenga éxito.

Dónde encontrarlo

Afligir al Espíritu ....Efesios 4:30

Redimir el tiempo ....Efesios 5:15-16

Deberes y responsabilidades en el matrimonio .. Efesios 5:22-23

Deberes de los hijos y los padres................................Efesios 6:1-4

Deberes de los jefes y los trabajadores ....Efesios 6:5-9

Armadura espiritual del creyente ....Efesios 6:10-17

La armadura de Dios

Efesios 6:14-17

El cinturón de la verdad.

La coraza de justicia.

El calzado del apresto del evangelio de la paz.

El escudo de la fe.

El yelmo de la salvación.

La espada del Espíritu, la palabra de Dios.

Filipenses

Regocijaos en el Señor siempre.
Otra vez digo: ¡Regocijaos!
(4:4)

Tema: La vida llena de gozo
Fecha: 62 d.C.
Autor: Pablo
Lugar: Prisión

Han pasado cuatro o cinco años desde que Pablo visitó por última vez Filipos, donde había fundado una iglesia durante su segundo viaje misionero. La iglesia de Filipos siempre había dado fondos para ayudar a Pablo en sus necesidades financieras, y esta vez no fue una excepción. Al oír que él estaba en prisión, enviaron una nueva contribución y con ella a un hombre llamado Epafrodito para que se hiciera cargo personalmente de las necesidades de Pablo. Desdichadamente, Epafrodito enfermó hasta estar a punto de morir. Pablo, que se da cuenta de que su propia muerte puede estar próxima, escribe esta carta para agradecer a los filipenses su regalo. Preocupado por Epafrodito y temiendo que los filipenses puedan estar intranquilos por su querido mensajero, Pablo decide enviar a este hermano a casa con esta carta. En ella, el apóstol describe sus circunstancias en la prisión, exhorta a los creyentes de Filipos a la unidad y les advierte en contra de los falsos maestros.

Esquema

▶ **Capítulo 1**   *Las difíciles circunstancias de Pablo*

Aunque Pablo está en prisión, no está desanimado porque, como dice, sus circunstancias "...han redundado más bien para el progreso del evangelio" (Fil. 1:12). Pablo confía en que Cristo será glorificado incluso si él muere por su fe, y afirma que el bien puede llegar a través del sufrimiento por el Señor.

▶ **Capítulo 2:1-18** *El amoroso ánimo de Pablo*

Pablo comienza la parte de enseñanza de Filipenses animando a los creyentes a vivir en unión unos con otros. La clave para esta unidad es ser del mismo parecer que los demás y servirlos, y no ser egoístas ni estar preocupados solo de uno mismo. Los cristianos tienen que seguir los pasos de Cristo, que es el ejemplo supremo de humildad; Él estuvo dispuesto a morir en la cruz en beneficio nuestro.

▶ **Capítulo 2:19-30** *Los fieles amigos de Pablo*

A continuación Pablo expresa su profundo aprecio por Timoteo, que es hombre de carácter probado y que ha servido con él con gran diligencia. Pablo espera enviar a este hombre de su mismo parecer a los filipenses en breve. Aun así, no quiere olvidarse de Epafrodito, que le sirvió hasta la extenuación y por eso enfermó. Estos dos amigos, Timoteo y Epafrodito, son ejemplos del sacrificio personal que debería marcar nuestras vidas como cristianos.

▶ **Capítulos 3:1–4:1** *Las firmes advertencias de Pablo*

Ser cristiano no es fácil. Los filipenses pueden tener que enfrentarse a la oposición, y necesitarán ser perseverantes y seguir avanzando para conseguir el objetivo del crecimiento y la madurez espiritual. Cuando la vida los desanime en la tierra, tienen que recordar que son ciudadanos del cielo, que es su verdadero hogar.

▶ **Capítulo 4:2-23** *Las exhortaciones finales de Pablo*

Aunque la vida es difícil, Pablo dice que los creyentes en Cristo no deben mostrarse ansiosos ni permitir que los pensamientos negativos los desanimen. Al contrario, los anima a regocijarse en el Señor y a darle todo a Él en oración. Cuando lo hagan, la paz de Dios guardará sus corazones.

Mensaje principal

La palabra clave en esta carta es "gozo". De una forma o de otra, se utiliza 19 veces. Cuando Pablo escribió: "Regocijaos en el Señor siempre..." (4:4), no estaba sentado cómodamente ni estaba rodeado de cosas agradables. Estaba preso en una cárcel romana. No obstante, podía regocijarse incluso estando encarcelado debido a su pasión por conocer a Jesucristo cada vez más. Este es el secreto de una vida cristiana gozosa. El gozo no se basa en las circunstancias, sino en la confianza que procede de la relación con Jesucristo.

Aplicación personal

Todo el mundo quiere ser feliz. Por eso, muchos buscan durante toda la vida esta felicidad gastando dinero, viajando a nuevos lugares y experimentando actividades nuevas y emocionantes. Pero este tipo de felicidad depende de las circunstancias positivas. ¿Qué ocurre cuando esas circunstancias no son positivas ni agradables? A menudo la felicidad desaparece, y llega la desesperación. En contraste con la felicidad, está el gozo. Usted siente gozo porque sabe que Dios obra en su vida a pesar de las circunstancias. El verdadero gozo procede de conocer personalmente a Dios y depender de su fuerza y no de la de uno mismo. ¿Conoce usted el auténtico gozo y la satisfacción? ¿Conoce a Cristo personalmente, y depende de la fuerza de Él y no de la suya propia?

Lecciones para la vida en Filipenses

▶ Las circunstancias difíciles no deberían impedirle compartir el evangelio.

▶ Cristo humildemente se sacrificó por el bien de los demás, y usted está llamado a seguir su ejemplo.

▶ La unidad se produce cuando coloca a los demás por encima de sí mismo y se preocupa de sus necesidades.

▶ Usted no debe afanarse, por el contrario, debe dejarle todos sus problemas a Dios y permitir que Él se ocupe de ellos.

▶ Incluso las circunstancias más difíciles pueden aportarle beneficios y regocijo.

Dónde encontrarlo

Cristo en Filipenses

Cristo es nuestra vida (1:21)

Cristo es nuestro modelo de humildad (2:5)

Cristo es nuestra esperanza (3:21)

Cristo es nuestra fuerza (4:13)

Colosenses

Porque en él habita corporalmente
toda la plenitud de la Deidad,
y vosotros estáis completos en él...
(2:9-10)

☖

Tema: La supremacía de Cristo
Fecha: 60-61 d.c.
Autor: Pablo
Lugar: Prisión

Colosas era una pequeña ciudad a unos 160 kilómetros al este de Efeso. El pastor fundador de la iglesia de Colosas no fue Pablo sino un hombre llamado Epafras al que él había convertido, mientras visitaba Efeso. Pablo había ministrado en Efeso durante tres años en su tercer viaje misionero. Aunque nunca había visitado la iglesia de Colosas, Epafras se acerca adonde está Pablo en Roma y le comenta sus preocupaciones por una filosofía herética que se está enseñando allí. El apóstol inmediatamente escribe esta carta para advertir a los colosenses contra esta herejía que está devaluando a Cristo. Escribe para que puedan comprender adecuadamente los atributos de Cristo y sus logros.

Esquema

▶ **Capítulo 1:1-14** *El corazón de Pablo*

Pablo saluda a los cristianos en Colosas agradeciendo a Dios el fruto espiritual que muestran en sus vidas y orando para que sean llenados con el conocimiento de la voluntad de Dios. Cuando los creyentes conocen y entienden los deseos de Dios para ellos, son capaces de ser espiritualmente productivos.

▸ **Capítulos 1:15–2:7** *La verdad sobre Cristo*

Aparentemente, algunos falsos maestros de Colosas decían que era necesario algo más que Cristo para una vida cristiana: era necesario conseguir también cierto "conocimiento profundo" y observar ciertas tradiciones religiosas. Pablo advierte de estos serios errores y dice que Cristo es todo lo que necesitamos. Solo Cristo es la cabeza de la Iglesia, la esperanza de la gloria futura, y la fuente de la verdadera sabiduría y el conocimiento.

▸ **Capítulo 2:8-23** *La plenitud del creyente en Cristo*

Los falsos maestros de Colosas animan a los cristianos a buscar un conocimiento mayor y a observar ciertas regulaciones. Pablo argumenta que los creyentes ya están completos en Cristo en todos los aspectos, incluida su salvación. No es necesario que se aten a regulaciones legalistas.

▸ **Capítulos 3–4** *El carácter del creyente en Cristo*

En lugar de seguir las reglas inventadas por el hombre que ofrecen una falsa sensación de superioridad religiosa, Pablo enseña que los cristianos deben abandonar sus modos terrenales de actuar (ira, malicia, lenguaje obsceno, mentira, etc.) y adoptar el carácter del hombre nuevo: misericordia, amabilidad, humildad, modestia, tolerancia, paciencia y perdón. En sus vidas, hogares y en el trabajo, los creyentes tienen que vivir complaciendo a Dios no a los hombres.

Mensaje principal

Pablo quiere que los colosenses entiendan las implicaciones de la supremacía de Cristo. Primero explica que una idea adecuada de Cristo es el antídoto a la herejía. Cristo es suficiente. No hay que añadir nada más si uno ya tiene a Cristo como Salvador. Segundo, como Él es supremo, los creyentes de Colosas tienen que vivir obedeciendo al Señor tanto en comportamiento como en actitud. Tienen que ser misericordiosos, amables, humildes, modestos, pacientes, tolerantes y benevolentes.

Aplicación personal

Como Cristo es supremo, la sumisión no es opcional. Cuando se obedecen sus mandamientos, Él proporciona la base y el poder para la transformación en todas las áreas de nuestra vida, incluidos el hogar y el trabajo. ¿Es Cristo lo más importante en su vida? Lea la epístola de Colosenses y consiga apreciar y entender mejor la plenitud de su Salvador para cada área de necesidad en su vida.

Lecciones para la vida en Colosenses

▶ Respecto a la salvación y a vivir una vida cristiana, el Señor Jesucristo lo ha hecho todo por usted.

▶ Usted es totalmente pleno en Cristo y no necesita ningún conocimiento, experiencia o regulación especial.

▶ Cristo es lo más importante, y su compromiso con Él debería ser total.

▶ Vivir una vida cristiana significa apartar las cualidades del mundo y adoptar el carácter de Cristo.

Dónde encontrarlo

No mentirse unos a otros ....Colosenses 3:9

Soportarse unos a otros ....Colosenses 3:13

Perdonarse unos a otros ....Colosenses 3:13

Exhortarse unos a otros ....Colosenses 3:16

Cristo en Colosenses

Cristo es nuestra redención (1:14)

Cristo es la imagen de Dios (1:15)

Cristo es el Creador y Sustentador de todas las cosas (1:16-17)

Cristo es la cabeza de la Iglesia (1:18)

Cristo es el autor de la reconciliación (1:20)

Cristo es la base de nuestra esperanza (1:27)

Cristo es la fuente de poder para vivir (1:29)

1 Tesalonicenses

Porque si creemos que Jesús murió y resucitó,
así también traerá Dios con Jesús
a los que durmieron en él.
(4:14)

☖

Tema: Preocupación por la iglesia
Fecha: 51 d.C.
Autor: Pablo
Lugar: Corinto

No se sabe con claridad cuánto tiempo estuvo Pablo en Tesalónica, una ciudad del norte de Grecia. Puede que hayan sido solo tres semanas. Pero debido a la rápida respuesta que el mensaje de la salvación en Cristo recibió por parte de muchos gentiles temerosos de Dios, los celosos judíos respondieron rápidamente poniendo a las personas en contra de Pablo. Para evitar los disturbios, él tuvo que huir al amparo de la noche. Todavía preocupado por los nuevos creyentes, Pablo envía a su compañero Timoteo para ver qué tal van las cosas allí mientras él viaja a Atenas y Corinto. Timoteo se reúne con Pablo en Corinto, y el libro 1 Tesalonicenses es el resultado del informe positivo que Timoteo trae de esta nueva iglesia.

Esquema

▶ **Capítulo 1**   *Pablo evalúa la iglesia*

El testimonio de la iglesia de Tesalónica se había extendido rápidamente por toda la región, tanto que cuando Pablo viajó por allí, no necesitó decir nada sobre la iglesia. Le enorgullecía mucho la salud espiritual de esta nueva comunidad que se apreciaba en su celo misionero, su dedicación a la verdad, su conducta respecto a la persecución, su amor desinteresado y su devoción al ministerio.

▶ **Capítulos 2–3** *La conducta y preocupación de Pablo*

Pablo repasa cómo él y sus acompañantes, Silas y Timoteo, trajeron el evangelio a los de Tesalónica, cómo aceptaron ellos el mensaje y cuánto desea estar con ellos. Debido a su preocupación continua, envía de nuevo a Timoteo para animarlos a que sigan llevando una vida cristiana. Incluso aunque Pablo había recibido anteriormente informes positivos de Timoteo sobre el estado de la iglesia, termina con una oración para que los tesalonicenses sigan creciendo más en Cristo.

▶ **Capítulo 4:1-12** *Exhortación de Pablo*

Este capítulo comienza con el impulso principal del mensaje de Pablo. Les recuerda a los tesalonicenses que deben continuar complaciendo a Dios en su vida diaria evitando el pecado sexual, amándose unos a otros y viviendo como buenos ciudadanos en un mundo secular.

▶ **Capítulos 4:13–5:28** *Recordatorio de Pablo de la esperanza de los creyentes*

Aunque el ministerio de Pablo en Tesalónica fue breve, la nueva iglesia ya había llegado a creer en la realidad del regreso del Salvador y a tener esperanza en él. Pablo les recuerda la bendición de ese regreso. Por lo tanto, "el día del Señor" puede ser un día de gozo y no un día de juicio. Pablo termina con la exhortación para que honren a los líderes de sus iglesias por la labor que están realizando entre ellos, y para conseguir sabiduría para tratarse unos a otros. El final de la carta tiene una bendición para que Dios los mantenga santos hasta el regreso de Cristo.

Mensaje principal

Los cristianos de Tesalónica viven esperando el regreso de Cristo. Pablo les ha enseñado que la segunda venida del Señor es la culminación de la historia de la redención. Por esa razón, los tesalonicenses no se lo quieren perder. Timoteo regresa con noticias sobre la preocupación que tienen algunos cristianos porque algunos de ellos ya han muerto. Se preguntan: *¿Estas almas que ya se han ido se perderán el regreso de Cristo?* Pablo les comunica que los creyentes muertos no se han perdido el regreso de Jesús y les asegura que incluso sus muertos participarán en el regreso de Cristo.

Aplicación personal

Nadie sabe el momento en que regresará Cristo. Sin embargo, algún día todos los creyentes, tanto los vivos como los muertos, estarán unidos en Él. Anticipar diariamente su regreso debería reconfortarnos cuando nos enfrentamos a las dificultades diarias. Saber que Cristo regresará debería motivarnos para vivir una vida santa y productiva. Así que viva esperando el regreso de Cristo en cualquier momento. ¡Qué no lo encuentre desprevenido!

Lecciones para la vida en 1 Tesalonicenses

▶ Debe estimar y honrar a los líderes de su iglesia.

▶ Su testimonio es una poderosa herramienta.

▶ Vivir una vida piadosa provocará la persecución.

▶ El regreso prometido de Cristo debería motivarlo a llevar una vida piadosa.

Dónde encontrarlo

Imagen de una iglesia modelo .... 1 Tesalonicenses 1:8-10

Imagen del ministerio de Pablo .... 1 Tesalonicenses 2:1-12

Informe de Timoteo sobre la iglesia .... 1 Tesalonicenses 3:6-10

La segunda venida de Cristo .... 1 Tesalonicenses 4:13-18

El día del Señor .... 1 Tesalonicenses 5:1-4

La frecuencia de la oración .... 1 Tesalonicenses 5:17

Apagar el Espíritu .... 1 Tesalonicenses 5:19

Los detalles de la segunda venida de Cristo

Cristo está preparando un lugar en el cielo (Jn. 14:1-3)

La venida de Cristo será rápida (1 Co. 15:51-52)

Cristo descenderá del cielo... (1 Ts. 4:16)

...con voz de mando

...con voz de arcángel

...con trompeta de Dios

La venida de Cristo hará que... (1 Ts. 4:16-18)

...los muertos en Cristo resuciten primero

...los creyentes vivos sean "arrebatados"

...los vivos y muertos reciban al Señor en el aire

...todos estemos siempre con el Señor

2 Tesalonicenses

Pero fiel es el Señor, que os afirmará
y guardará del mal.
(3:3)

☖

Tema: Vivir con esperanza
Fecha: 52 d.C.
Autor: Pablo
Lugar: Corinto

Esta es una secuela de la primera carta a los creyentes tesalonicenses. Se escribió unos meses más tarde cuando Pablo estaba en Corinto. Le llegaron noticias de que algunos tesalonicenses habían entendido mal sus enseñanzas sobre la segunda venida de Cristo. Sus declaraciones de que Cristo podía venir en cualquier momento habían provocado que algunos dejaran sus trabajos y se sentaran a esperar el regreso de Cristo. Otros consideraban que la continua persecución a la que se veían sometidos era una señal de "el día del Señor" o de los últimos días. Respondiendo rápidamente, Pablo envía esta segunda epístola a la joven iglesia.

Esquema

▶ **Capítulo 1** *Pablo reconforta a los desanimados*

Como hizo en la primera carta, Pablo alaba a los tesalonicenses por su fe en Cristo. Después consuela a las víctimas del sufrimiento y la persecución recordándoles que cuando Cristo regrese, recompensará a los fieles y castigará a los malvados. Ora para que glorifiquen a Dios mediante su fiel servicio.

▶ **Capítulo 2**   *Pablo corrige un malentendido*

Pablo aclara el error de aquellos que creían que "el día del Señor" ya había llegado y les advierte que se producirá una apostasía y una rebelión masiva antes de que ese día llegue. Ese día, escribe Pablo, se caracterizará porque aparecerá "el hombre de pecado", y otros que practicarán el engaño y rechazarán la verdad. Entre tanto, Pablo ora para que los creyentes tesalonicenses se mantengan firmes en su fe.

▶ **Capítulo 3**   *Pablo condena la indolencia*

Pablo comienza esta última sección de su carta con una petición para que el evangelio se extienda rápidamente y para que Dios, que es fiel, continúe guardándolos del mal.

Termina con unas palabras de advertencia para aquellos creyentes que han dejado de trabajar y se dedican a esperar la segunda venida del Señor. Pablo deja muy claro que esperar el regreso de Jesús no debe impedir que los creyentes cumplan con sus responsabilidades básicas de la vida, incluido el trabajo. Se pone a sí mismo como ejemplo de alguien que trabajó para conseguir su alimento, mientras estaba con los tesalonicenses en lugar de esperar que otros suplieran sus necesidades prácticas diarias.

Mensaje principal

Incluso cuando alguien trata de ser claro a la hora de comunicar algo, se producen malos entendidos, especialmente si la persona tiene tendencia a interpretar las palabras según sus preferencias o prejuicios personales. Esto fue lo que ocurrió con la primera carta de Pablo a los tesalonicenses. Algunas personas se habían desanimado porque creían que la persecución que estaban sufriendo significaba que se habían perdido el regreso del Señor, que realmente estaban ya en "el día del Señor" experimentando las terribles tribulaciones prometidas para ese tiempo. No entendían que siempre hay que esperar la persecución de parte de los que se muestran agresivos con los que tienen fe en el Señor. Y para otros, la espera del inminente regreso de Cristo les había dado la excusa perfecta para su pereza.

Aplicación personal

La carta de Pablo debería ayudarlo a no desanimarse o tener miedo cuando se siente perseguido o ve que el mal se incrementa. Dios todavía tiene el control, no importa lo desesperadas que parezcan o sean las cosas. Él tiene un plan para su futuro, y esta esperanza debería darle la fuerza y seguridad necesaria para seguir adelante en lugar de pararse y no hacer nada. Pablo lo anima a permanecer firme, trabajar, hacer el bien y esperar a Cristo.

Lecciones para la vida en 2 Tesalonicenses

▸ La esperanza del regreso de Cristo no debería impedirle vivir la vida de forma responsable.

▸ Dios está con usted en su sufrimiento y lo utilizará para glorificarse.

▸ Asegúrese de entender adecuadamente lo que dicen las Escrituras, porque eso afectará su vida.

▸ Dios espera que usted supla sus necesidades físicas y las de su familia, y no espera que otros suplan su falta de responsabilidad.

Dónde encontrarlo

Consuelo en la persecución...................... 2 Tesalonicenses 1:5-12

Segunda venida de Cristo........................ 2 Tesalonicenses 2:1-12

Perfil de un cristiano.............................. 2 Tesalonicenses 2:13-17

Petición de oración de Pablo .... 2 Tesalonicenses 3:1

Advertencia contra la pereza.................... 2 Tesalonicenses 3:6-15

Perfil de "el hombre de pecado"

• Llamado "hijo de perdición"	2 Tesalonicenses 2:3
• Llamado "cuerno pequeño"	Daniel 7:8
• Llamado "príncipe que ha de venir"	Daniel 9:26
• Llamado "el anticristo"	1 Juan 2:18
• Llamado "la bestia"	Apocalipsis 13:2-10

Detalles de 2 Tesalonicenses 2:3-12 sobre "el hombre de pecado"

• Viene con gran apostasía.

• Está confinado hasta que "el que lo detiene" —el Espíritu Santo— sea quitado de en medio.

• Se proclama a sí mismo Dios.

• Se sienta en el templo de Dios.

• Viene por obra de Satanás.

• Viene con gran poder, señales, prodigios mentirosos y engaño.

• Será eliminado con el espíritu de la boca de Dios.

1 Timoteo

Para que si tardo, sepas cómo debes
conducirte en la casa de Dios,
que es la iglesia del Dios viviente.
(3:15)

Tema: Instrucciones para un discípulo joven
Fecha: 64 d.C.
Autor: Pablo
Lugar: Macedonia/Filipos

Timoteo ha sido uno de los discípulos más cercanos desde que fue reclutado por Pablo para el servicio unos 15 años antes de la emisión de esta carta. Pablo acaba de ser liberado de su primera estancia en prisión en Roma y visita de nuevo varias de las ciudades en las que había ministrado, incluida Efeso. Cuando deja esa ciudad, le pide a Timoteo que se quede allí como su representante personal. Después se va a Macedonia, mientras que Timoteo sirve como pastor de la iglesia de Efeso. Pablo espera regresar en algún momento con él, pero mientras tanto, escribe esta carta para aconsejarle sobre su ministerio pastoral.

Esquema

▸ **Capítulo 1** *Instrucciones con respecto a la falsa doctrina*

Pablo empieza inmediatamente con una advertencia sobre el creciente problema de la falsa doctrina, en particular con relación a las interpretaciones judías del Antiguo Testamento y el mal uso de la ley de Moisés. Escribe que la ley es buena porque refleja los criterios de Dios sobre santidad y justicia. Su propósito es mostrar a las personas su pecado y su necesidad del evangelio salvador de Jesucristo. En este punto, el anciano apóstol y siervo de Dios relata su dramática conversión y su llamamiento al ministerio. También recuerda a Timoteo su propio llamamiento divino y le encarga cumplirlo sin vacilar en la doctrina o en la conducta.

▶ **Capítulos 2–3** *Instrucciones con respecto a la iglesia*

Tras darle a Timoteo sus órdenes, Pablo trata ahora temas referentes al culto en la iglesia. La oración pública debería formar parte del culto y debería ser el papel de los hombres en la iglesia. Las mujeres, por su parte, no deberían enseñar o tener autoridad por encima de los hombres en el culto, sino que deberían centrarse en las cualidades piadosas internas. Después Pablo trata las cualificaciones de los dos grupos de líderes: obispos (o supervisores) y diáconos.

▶ **Capítulo 4** *Instrucciones con respecto a los falsos maestros*

Habiendo advertido ya sobre los falsos maestros, Pablo ahora describe sus características, cómo reconocerlos y cómo responder a ellos. También explica que los maestros de Dios, por el contrario, defienden su rebaño proclamando constantemente la verdad divina. Esto es lo que Pablo exhorta a Timoteo a hacer también.

▶ **Capítulo 5** *Instrucciones con respecto al cuidado pastoral*

Después Pablo aconseja de forma práctica sobre el cuidado pastoral de los jóvenes, los ancianos y las viudas. También trata el tema del honor que debe darse a los líderes de la iglesia (llamados "ancianos" aquí, pero "obispos" más tarde) y su proceso de selección.

▶ **Capítulo 6** *Instrucciones con respecto a la mundanalidad*

Pablo concluye describiendo los motivos de los falsos maestros. Están en el ministerio por su propio beneficio; son codiciosos. En contraste, a Timoteo se le pide que controle sus motivos respecto al dinero, que se mantenga firme en la fe, que viva por encima del reproche y exhorte a los ricos a compartir su riqueza.

Mensaje principal

A los cajeros de los bancos se les enseña a detectar billetes falsos familiarizándolos con los auténticos. Esta misma técnica se puede aplicar para detectar a los falsos maestros y sus falsas enseñanzas.

Debemos conocer la verdad para detectar el error. Timoteo conocía la verdad porque había escuchado predicar y enseñar a Pablo durante 15 años. Por lo tanto, Pablo consideró natural darle a Timoteo la responsabilidad de defender la fe enseñando la verdad. Armados con la sana doctrina, los efesios se podían defender contra los falsos maestros y sus falsas enseñanzas.

Aplicación personal

¿Conoce las verdades de la Palabra de Dios lo suficientemente bien como para reconocer a un falso maestro o una falsa enseñanza? ¿Está preparado para defender la fe cristiana con su actual nivel de conocimiento bíblico? Si es así, siga el ejemplo de Pablo y busque cristianos que sean más jóvenes en la fe y comience a asesorarlos. Si no es usted tan maduro como quisiera, siga el ejemplo de Timoteo y adquiera esa madurez aprendiendo de otros cristianos más experimentados.

¡Hay mucho en juego! Las falsas enseñanzas son más dañinas que un billete falso. Este solo nos afecta físicamente, pero aquellas afectan nuestra alma. Pablo denomina a las falsas doctrinas "doctrinas de demonios" (1 Ti. 4:1). Conozca la Biblia por usted mismo y con la ayuda de un asesor para poder defender su fe y proteger a su familia y a los demás del peor de los errores: el error espiritual.

Lecciones para la vida en 1 Timoteo

► Si es usted un líder de iglesia o alguien que aspira a tal posición, mida sus cualificaciones respecto a las de los ancianos o diáconos.

► Si usted se dedica a disciplinar o a asesorar, fíjese en la relación que Pablo tenía con su joven discípulo. Él guió y aconsejó no solo durante unas pocas semanas sino ¡durante años!

► Si usted es joven en la fe, siga el ejemplo de Timoteo, que imitó la vida de su mentor.

► Si es usted padre, recuerde el profundo efecto que un hogar cristiano sólido puede tener en sus hijos.

Dónde encontrarlo

Títulos y requisitos de los líderes en el Nuevo Testamento

• Obispo o supervisor	1 Timoteo 3:1-7
• Anciano	Tito 1:5-9
• Pastor	1 Pedro 5:2

(Nota: los términos anteriores se utilizan para designar a esas personas en la iglesia que se dedican a alimentar, liderar, vigilar y advertir al pueblo de Dios —ver Hechos 20:28-32—. Estos términos también son intercambiables en el Nuevo Testamento).

• Diácono o servidor	Hechos 6:1-6; 1 Timoteo 3:8-13

2 Timoteo

Procura con diligencia presentarte a Dios aprobado,
como obrero que no tiene de qué avergonzarse,
que usa bien la palabra de verdad.
(2:15)

☙

Tema: Exhortación a un ministerio fiel
Fecha: 67 d.C.
Autor: Pablo
Lugar: Roma

Pablo está en prisión y se encuentra solo, con la única excepción de la presencia de Lucas, que ha sido su fiel amigo y médico personal durante años. Él es consciente de que el fin está cerca. Pero antes de morir, quiere pasar la capa ministerial a Timoteo, su asistente de confianza. Preocupado de que este pueda estar en peligro de agotamiento espiritual, Pablo escribe para animarlo a continuar siendo fiel a sus deberes, mantenerse firme en la doctrina verdadera, evitar el error, esperar ser perseguido por predicar el evangelio y, por encima de todo, confiar en la Palabra de Dios, mientras predica constantemente.

Esquema

▶ **Capítulo 1** *Los requisitos previos para un ministerio fiel*

Pablo comienza su carta a su "amado hijo" (1:2) con ternura y cariño. Le recuerda a Timoteo sus recursos para el ministerio: una fe genuina que ha tenido como modelo a su madre y a su abuela, su llamamiento y sus dones, resolución para ajustarse a la verdad de la Palabra de Dios y una lealtad que se mantendrá incluso en las circunstancias más difíciles.

▶ **Capítulo 2**   *El patrón de un ministerio fiel*

Tras confirmar los recursos con los que Timoteo cuenta para su ministerio, Pablo lo anima a preparar a otros para que lo sigan en el servicio. Timoteo tiene que ser disciplinado como un soldado, un atleta, un labrador y seguir el ejemplo de persistencia de su maestro. Al tratar con otros, Timoteo no debe enredarse en controversias inútiles. Respecto a sí mismo, debe huir de los placeres juveniles y mantenerse puro.

▶ **Capítulo 3**   *Los peligros de un ministerio fiel*

Pablo, un líder siempre atento, anticipa los tiempos peligrosos que se avecinan llenos de apostasía y maldad, durante los cuales hombres y mujeres serán cada vez más susceptibles a las falsas enseñanzas. Por eso, exhorta a Timoteo a no vacilar en su uso de las Escrituras para combatir este creciente problema. De hecho, eran estas mismas Escrituras las que Dios había utilizado incluso en la niñez de Timoteo para hacerlo "...sabio para la salvación..." (2 Ti. 3:15). Estas Escrituras son "inspiradas por Dios" y ayudarán ahora a Timoteo a combatir las enseñanzas erróneas y la herejía.

▶ **Capítulo 4**   *La proclamación de ministros fieles*

La exhortación final de Pablo a Timoteo es que un hombre de Dios debe estar listo para predicar la Palabra en cualquier momento, en cualquier lugar y de todas las maneras posibles para llegar a las personas engañadas. Pablo termina esta carta tan personal con información actual sobre su situación en Roma. Comenta su deseo de ver a Timoteo antes de morir y le pide que venga a traer ciertos artículos, en particular lo que él denomina "los pergaminos" (2 Ti. 4:13), probablemente porciones del Antiguo Testamento.

Mensaje principal

Si supiera que va a morir en un futuro próximo, ¿qué información le gustaría pasar y a quién le gustaría pasársela? Esa era la situación de Pablo. Estaba en el "corredor de la muerte" esperando su ejecución por predicar el evangelio de Cristo. La carta de 2 Timoteo es su última voluntad y testamento. De todas las personas que Pablo había conocido a lo largo de los años, escoge escribir una última carta a su hijo espiritual en la fe: Timoteo. En lugar de intentar despertar simpatía o piedad por sí mismo o buscar represalias contra un sistema gubernamental injusto y ateo, Pablo escribe para reconfortar, animar y motivar a Timoteo. El mensaje de Pablo a Timoteo ha servido de rescate para otros obreros cristianos afligidos durante siglos. El apóstol recuerda a todos los obreros cristianos que lo que realmente importa y lo que al final proporciona fuerza y poder es la Palabra de Dios. Ya en sus últimos días, Pablo está pensando en las necesidades personales y espirituales de otros más que en sí mismo.

Aplicación personal

¿Qué impresión le causa ese completo desinterés de Pablo por sí mismo? ¿Está tan ocupado pensando en usted mismo y sus propias necesidades que no se da cuenta de que hay personas realmente necesitadas a su alrededor? Mire fuera de sí mismo. Seguro que encuentra muchos desesperados a los que les vendría bien una ayuda o una palabra de ánimo, en particular un mensaje de la Palabra de Dios que les llegue... ¡a través de usted!

Lecciones para la vida en 2 Timoteo

▶ Su vida cristiana tiene que ser una vida disciplinada.

▶ Su fe sincera puede tener un efecto profundamente positivo en su familia y en los demás.

▶ En conclusión, la fe hipócrita puede tener un efecto tan profundo como negativo.

▶ Las Escrituras, fortalecidas por el Espíritu de Dios, son el instrumento que trae la salvación a las personas.

▶ Las Escrituras son esenciales para animar a llevar una vida piadosa.

▶ Ser mentor, siguiendo el modelo de Pablo, es un compromiso que dura toda la vida.

Dónde encontrarlo

"No nos ha dado Dios espíritu de cobardía" .... 2 Timoteo 1:7

"Yo sé a quién he creído" ....2 Timoteo 1:12

La Palabra de Dios es importante

2 Timoteo 3:16-17

Porque es...

- Inspirada por Dios
- Útil para enseñar: instruye en la verdad divina
- Esencial para redargüir: reprende el comportamiento erróneo
- Necesaria para corregir: nos indica cómo volver a llevar una vida piadosa
- Útil para instruir en justicia: enseña cuál es el buen comportamiento
- Capaz de hacernos perfectos: puede hacer que seamos competentes en todo
- Y siempre está ahí para formarnos: nos prepara enteramente para toda buena obra

Tito

Pero tú habla lo que está de acuerdo
con la sana doctrina.
(2:1)

Tema: Manual de conducta
Fecha: 62-64 d.C.
Autor: Pablo
Lugar: Macedonia

De camino a Roma para su primer encarcelamiento, Pablo había visitado brevemente Creta, una isla en el mar Mediterráneo. Después de su liberación, regresa para ministrar y deja allí a Tito. Él debe continuar la obra que Pablo había empezado, mientras este se va a Macedonia. Tito es un antiguo discípulo de confianza de Pablo que sirvió con él en su segundo y su tercer viaje misionero. Pablo ahora le escribe en respuesta a una carta de Tito o a un informe que le llega de Creta. El apóstol anima personalmente y aconseja a un joven pastor que se está enfrentando a la oposición de impíos dentro de las recientemente formadas iglesias. Da instrucciones sobre cómo esos creyentes poco maduros en la fe tienen que comportarse ante una sociedad pagana ávida de criticar esta nueva religión y a sus seguidores.

Esquema

▸ **Capítulo 1** *Los requisitos de los líderes de las iglesias*

Pablo comienza con un breve saludo y después ofrece la primera de las tres declaraciones instructivas: Dios se propuso salvar y edificar a los escogidos mediante su Palabra y traerlos finalmente a la gloria eterna (Tit. 1:1-4).

Luego, sigue informando a Tito de una de sus mayores responsabilidades: elegir líderes cualificados para las iglesias de Creta. Estos líderes tienen que refutar a los falsos maestros y animar a la iglesia a vivir vidas piadosas ante sus vecinos notoriamente paganos.

▶ **Capítulo 2**   *Conducta de los miembros de la iglesia*

Pablo instruye a Tito para que comunique la sana doctrina a hombres y mujeres, a diferentes grupos de edad y a esclavos para que puedan mostrar lo que son las buenas obras y así ganar credibilidad ante el mundo no creyente. Después ofrece su segunda declaración instructiva sobre cuál es la base de la vida justa y piadosa: Jesús, a través de quien recibimos el misericordioso don de la salvación, nos redime para que seamos su pueblo especial; un pueblo celoso de buenas obras (Tit. 2:11-14). Pablo insta a Tito a proclamar estas verdades con autoridad.

▶ **Capítulo 3**   *Conducta de los creyentes en general*

Tito tiene que recordar a los miembros de la iglesia sus responsabilidades para con la sociedad: obedecer las reglas, obedecer a Dios y estar dispuestos para hacer toda buena obra; no difamar, ser pacíficos y amables, y mostrar mansedumbre ante todos. Después Pablo ofrece su tercera declaración instructiva: recuerda a sus lectores que todos alguna vez fueron insensatos y desobedientes, no obstante Dios su Salvador vino a traerles salvación no por las obras que ellos hubieran hecho sino por su misericordia. Fueron hechos herederos de la vida eterna al haber sido justificados por su gracia (Tit. 3:4-7).

Pablo finalmente exhorta a Tito a tratar con firmeza a los que disienten, los cuales provocan división y controversia. Termina la carta pidiéndole que venga a él. Por último, anima a los creyentes a seguir involucrándose en las buenas obras y a no dejar de dar fruto.

Mensaje principal

El libro de Tito es importante porque resalta la necesidad de que los cristianos lleven una vida recta. El problema de la inmoralidad entre los cretenses no era muy diferente de la inmoralidad que se podía encontrar en otras ciudades donde el cristianismo estaba echando raíces. Pablo escribe a Tito sobre cómo formar a las iglesias para que vivan como testigos eficaces de Jesucristo.

Aplicación personal

Ya sea el año 62 d.C. u hoy día, el testimonio colectivo de una iglesia debe ser un mensaje unificado. No puede haber disensiones ni conflictos. La sana doctrina enseñada en todos los niveles debe mantener unida la iglesia ante el mundo. Es igualmente importante el buen comportamiento fuera de ella cuando se toma contacto con no creyentes. ¿Ha meditado recientemente sobre su conducta tanto dentro como fuera de la iglesia? Pídale a Dios que le dé discernimiento sobre su comportamiento en la iglesia y en público. Que su buen comportamiento impulse la unidad en la iglesia, y que sus buenas obras fuera de esta sean un faro de luz que guíe a otros hacia el Salvador.

Lecciones para la vida en Tito

▸ El liderazgo espiritual comienza con lo que uno es, antes de empezar a moverse hacia lo que uno va a ser.

▸ Su conducta muestra su verdadera condición espiritual.

▸ Su conducta es esencial en su testimonio.

▸ Cada grupo de edad y género en la iglesia tiene deberes y responsabilidades específicos que, cuando se llevan a cabo, se reflejan positivamente en Dios y en su Palabra.

Dónde encontrarlo

Dios elige a los creyentes ....Tito 1:1-2

Deidad de Cristo..Tito 2:13

Cristo murió por los pecadores..Tito 2:14

Es un deber cristiano obedecer al gobierno...................... Tito 3:1

Ministerio del Espíritu Santo .... Tito 3:5

El ministerio de las buenas obras

Los cristianos tienen que ser ejemplo de
buenas obras . . . . .Tito 2:7

Los cristianos deben ser celosos de buenas obras . . . . . . .Tito 2:14

Los cristianos tienen que estar
dispuestos para toda buena obra . . . . .Tito 3:1

Los cristianos tienen que procurar ocuparse
en las buenas obras . . . . .Tito 3:8

Filemón

*Porque quizá para esto [Onésimo] se apartó de ti
por algún tiempo, para que le recibieses para siempre;
no ya como esclavo, sino como más que esclavo,
como hermano amado...*
(vv. 15-16)

☬

Tema: Perdón
Fecha: 60-62 d.C.
Autor: Pablo
Lugar: Prisión

Un esclavo huido de Colosas que se llamaba Onésimo iba de camino a Roma y, por la providencia de Dios, se hizo cristiano gracias al ministerio de Pablo. Sorprendentemente, su amo y propietario, Filemón, también había sido salvo por el ministerio de Pablo varios años antes (tal vez en Efeso, que no está a muchos kilómetros de Colosas). Ahora Pablo, prisionero, quiere hacer lo que es culturalmente correcto y envía a Onésimo, su nuevo amigo y compañero en la fe, de vuelta a su amo, Filemón. Pablo escribe esta carta suplicando a su "amado amigo y colaborador" (v. 1) Filemón que perdone la huida del esclavo y lo reciba como un nuevo hermano en Cristo.

Esquema

▸ **Versículos 1-3**   *Saludo de un buen amigo*

Pablo normalmente dictaba sus cartas, pero por la inusual naturaleza de esta, decide escribirla personalmente. Se dirige a Filemón, un líder cristiano de Colosas, pero también nombra a su esposa, Apia, y a su hijo, Arquipo, e incluso a toda la iglesia que se reúne en su casa. Todos son sus amados amigos.

▶ **Versículos 4-7** *El carácter del que perdona*

Pablo agradece a Dios el amor de Filemón y su fidelidad no solo para con Cristo sino también para con todos los creyentes de Colosas, que han sido avivados por el ministerio de Filemón. El elogio que Pablo hace es honesto y de corazón.

▶ **Versículos 8-18** *Las acciones del que perdona*

Pablo basa la apelación que está a punto de hacer en el carácter de Filemón, en lugar de ordenarle que perdone y reciba a Onésimo. Él no utiliza el nombre de este esclavo hasta que no describe el dramático cambio que se ha producido en su vida. Le recuerda a Filemón que una vez Onésimo le fue útil, y que ahora es útil sirviendo a Pablo, por lo cual también puede serle útil a él de forma similar. Pablo ruega a Filemón que reciba a Onésimo como lo recibiría a él mismo. Es evidente que Onésimo le había robado a su amo, así que Pablo le dice a Filemón que cargue la deuda a su cuenta (la de Pablo).

▶ **Versículos 19-25** *El motivo del que perdona*

Después de pedir que la deuda de Onésimo sea cargada a su cuenta, Pablo le recuerda a Filemón las deudas espirituales que él tiene como convertido de Pablo. Explica que esta es la oportunidad para probar que Filemón es capaz de perdonar, y expresa su confianza en que sea así —que Onésimo sea liberado de la esclavitud o que se le dé permiso para entrar en el ministerio, ¡o ambas cosas!—. Pablo espera ser liberado de prisión en breve y solicita que se le prepare una habitación para su llegada.

Mensaje principal

El libro de Filemón, junto con Efesios, Filipenses y Colosenses son conocidos como "las epístolas de la prisión" porque fueron escritas mientras Pablo estuvo encarcelado en Roma durante varios años. En esta, que es la más corta de las cuatro epístolas, Pablo apela con mucho tacto a su amigo para que no castigue la huida de su esclavo, Onésimo, lo perdone y le dé el lugar de un nuevo hermano en Cristo. Probablemente, esta petición hubiera sido imposible de cumplir en circunstancias normales. Los esclavos tenían una vida dura, y los que huían o robaban a su amo —o ambas cosas, como había hecho Onésimo— tenían un problema muy serio. Filemón estaba en todo su derecho, según la ley romana, de castigar e incluso matar a Onésimo. Pero la muerte de Cristo había hecho posible el perdón. En Él, Filemón y cualquiera que nombrara a Jesús podía obtener perdón por sus pecados. El perdón es un aspecto fundamental del cristianismo.

Aplicación personal

Basándose en el perdón que usted ha obtenido de Cristo, también debería estar dispuesto a perdonar a los demás. Su habilidad para perdonar es un indicador del perdón que usted ha recibido de Dios. ¿Alguien se ha portado mal con usted, y hasta ahora no ha deseado perdonarlo? Examine su corazón. Un cristiano perdonado es un cristiano que perdona.

Lecciones para la vida en Filemón

▶ Venir a Cristo no lo libera de sus actos pecadores del pasado.

▶ Está obligado a obedecer la ley, aunque personalmente no esté de acuerdo con ella.

▶ El perdón es más cristiano cuando se ofrece sin ser merecido.

▶ Mediar por otros es una función importante de su vida cristiana.

Dónde encontrarlo

Elogio de Pablo a Filemón.. Filemón 4-7

Petición de Pablo a Filemón ....Filemón 8-14

Visión de Pablo sobre Onésimo ....Filemón 15-17

Confianza de Pablo en Filemón............................ Filemón 18-21

Datos sobre el ministerio del apóstol Pablo

- Conoció al Señor Jesucristo resucitado.
- Fue un misionero pionero y un fundador de iglesias.
- Era un discipulador de hombres.
- Trabajó haciendo tiendas para apoyar su ministerio.
- Comenzó su ministerio formal a los 40 años.
- Hizo su primer viaje misionero a los 45.
- Escribió su primera epístola a los 49.
- Predicó el evangelio hasta que fue condenado a muerte a los 65.
- Escribió 13 libros inspirados por Dios del Nuevo Testamento.
- Fue el hombre más influyente del Nuevo Testamento después de Jesucristo.

Hebreos

Por tanto, teniendo un gran sumo sacerdote
que traspasó los cielos, Jesús el Hijo de Dios,
retengamos nuestra profesión.
(4:14)

☦

Tema: La superioridad de Cristo
Fecha: 67-69 d.C.
Autor: Desconocido
Lugar: Una comunidad de cristianos judíos

La persecución es una amenaza real para los cristianos judíos de las iglesias de reciente fundación en el siglo primero. Muchos sufren intensa persecución al intentar vivir según su nueva fe en Cristo, ya que habitan en medio de comunidades judías donde el Antiguo Testamento es el centro de la religión. El autor desconocido del libro de Hebreos cree que muchos cristianos judíos están en peligro de regresar al judaísmo debido a la creciente oposición. Necesitan madurar y estabilizarse en su fe. Demostrando la superioridad de Cristo sobre los rituales y sacrificios del Antiguo Testamento, este autor desconocido exhorta a estos primeros creyentes a mantenerse fieles al evangelio de Jesucristo.

Esquema

▸ **Capítulos 1–4:13** *Cristo, una persona superior*

Hebreos comienza mostrando que Cristo es superior a los profetas que hablaban de la revelación divina, y es la revelación final de Dios. El escritor añade que incluso aunque los ángeles son seres especiales,

Cristo es superior a ellos porque es el Hijo de Dios. También es superior a Moisés, el gran legislador, que era el siervo de Dios, por ser el Hijo de Dios. Y al contrario que Moisés, Cristo puede conducir a su pueblo al descanso. Aunque Josué dirigió a los israelitas hacia su herencia, todavía queda un descanso mejor para el pueblo de Dios en el futuro. Cristo, por su posición superior, nos proporcionará el descanso final.

▶ **Capítulos 4:14–10:18** *El sacerdocio superior de Cristo*

El sacerdocio es muy importante en el judaísmo, pero el sacerdocio de Cristo es superior incluso al de Aarón. Esto es así porque el sacerdocio de Cristo procede de la orden de Melquisedec, un sacerdote del Antiguo Testamento que bendijo a Abraham, el ancestro de Leví y del sacerdocio levítico, del cual Aarón fue el primer sacerdote. El sacerdocio de Cristo es el cumplimiento perfecto de esta orden de Melquisedec porque se estableció por una promesa de Dios, y no le afecta la muerte ni es manchado por el pecado. Ningún sacerdote puede estar tan bien cualificado, por eso el sacerdocio de Cristo es superior. Cristo se ha convertido en el Sumo Sacerdote perfecto, permanente y "mediador de un mejor pacto" (8:6). Este nuevo pacto ha hecho que el otro quede obsoleto. De forma similar, nuestro Sumo Sacerdote —el Señor Jesucristo— ministra "... por el más alto y perfecto tabernáculo no hecho de manos..." (9:11). Cristo también se ofrece a sí mismo como sacrificio voluntario y sin pecado de una vez por todas, mientras que el antiguo sacerdocio tenía que ofrecer sacrificios continuamente.

▶ **Capítulos 10:19–12:29** *La fe superior de Cristo*

El autor resume todo lo que ha estado diciendo sobre Cristo advirtiendo a sus lectores del peligro de rechazar su fe superior, que está basada en un Salvador superior. La fe que los lectores deben mantener se define e ilustra con las vidas de muchos creyentes del Antiguo Testamento como Abraham, Sara, David, Samuel y otros. Los lectores tienen que fijar sus ojos en Cristo, el autor y perfeccionador de la fe genuina, que soportó una gran hostilidad en la cruz. Y los que creen en Él tendrán que soportar a veces dificultades y la disciplina divina para mantener su santidad.

▶ **Capítulo 13** *El comportamiento cristiano superior*

Este último capítulo se centra en algunos puntos éticos esenciales de la vida cristiana. Esta ética tiene que estar formada por la dedicación de los lectores a Cristo. Este comportamiento superior también se manifestará a través del amor, del matrimonio piadoso, en la falta de codicia y en la satisfacción y la obediencia. Además ayuda a mostrar el verdadero evangelio al mundo, animando a otros a creer en Cristo, trayendo de esta manera gloria a Dios.

Mensaje principal

La religión judía fue diseñada por Dios y expresaba la auténtica devoción y el culto a Él. Los mandamientos, los rituales y los profetas describieron las promesas de Dios de un Mesías y revelaron el camino hacia el perdón y la salvación. Pero después Jesucristo, el Mesías, vino para cumplir lo que decían la ley y los profetas, anulando la necesidad de sacrificios, conquistando el pecado y proporcionando vida eterna a través del sacrificio de su muerte.

El mensaje de Jesús fue difícil de aceptar para los judíos. Algunos se opusieron violentamente al evangelio de Cristo. Los que aceptaron a Jesús como Mesías a menudo se dejaban llevar de nuevo por sus antiguas creencias religiosas, especialmente cuando se incrementó la persecución. Hebreos se escribió para que esas personas creyeran que el mensaje del cristianismo es superior a la religión judía y a cualquier otro sistema religioso porque Cristo es superior y Él es completamente suficiente para la salvación.

Aplicación personal

La *fe* es confiar en Dios y en la salvación que Él proporciona en su Hijo Jesús, que es el único que puede salvarnos del pecado. Si usted confía en Jesucristo para su salvación total, Él lo transformará completamente. Esa transformación y el subsiguiente crecimiento le permiten enfrentarse a las dificultades, permanecer fiel a Dios cuando sea perseguido y formar su carácter. No permita que la persecución, la tentación o el atractivo de un sistema religioso inferior le haga dudar de su compromiso con Jesús. Su Salvador es superior, la fe que usted pone en su Salvador es superior y la victoria final a través del Salvador está asegurada.

Lecciones para la vida en Hebreos

▶ La superioridad del cristianismo se basa en la superioridad de Cristo.

▶ La salvación en Cristo y la liberación del pecado son dones de Dios, pero usted tiene la responsabilidad de madurar, fortalecer su fe y confiar en Él.

▶ El proceso de madurar en la fe lleva su tiempo.

▶ La madurez evita que usted vacile demasiado en sus creencias.

▶ Puede salir victorioso de sus pruebas si se concentra en Cristo.

Dónde encontrarlo

El ministerio de la Palabra de Dios .... Hebreos 4:12-13

El rey de Salem, Melquisedec .... Hebreos 7:1-22

Definición de Dios de la fe .... Hebreos 11:1

Lista de Dios de los "héroes de la fe" .... Hebreos 11

La carrera de la fe .... Hebreos 12:1

La disciplina de Dios a sus hijos .... Hebreos 12:3-11

Comparación de los dos sacrificios

Sacrificios según la ley:	El sacrificio de Cristo:
Un recordatorio del pecado	Eliminación del pecado
Se ofrecían continuamente	Se ofreció una sola vez
Sangre de animales	La sangre de Cristo
Cubrían el pecado	Limpió el pecado
Involuntarios	Voluntario

Santiago

La fe, si no tiene obras, es muerta en sí misma.
(2:17)

⚛

Tema: Fe genuina
Fecha: 44-49 d.C.
Autor: Santiago
Lugar: Jerusalén

El libro de Santiago es la primera de las epístolas o cartas del Nuevo Testamento. Fue escrita por Santiago, un habitante de Jerusalén y líder de la iglesia de allí. Las personas de la iglesia de Jerusalén —la primera iglesia— se habían esparcido por algunas provincias romanas debido a la persecución sufrida. Santiago se sintió impulsado a exhortar y animar a los que estaban en dificultades. La fe genuina, explica Santiago, producirá cambios reales en la conducta y el carácter de una persona. En un estilo similar al de Proverbios en el Antiguo Testamento, Santiago presenta una serie de pruebas mediante las cuales se puede medir la fe de una persona. Si el cambio real no se produce, los lectores tienen que examinar su fe para asegurarse de que no están mostrando síntomas de fe muerta (lo cual no es realmente fe).

Esquema

▶ **Capítulos 1–2** *Acciones de fe*

Santiago, el medio hermano de Jesús, comienza con un versículo de saludo a los cristianos judíos esparcidos por el mundo. Después inmediatamente comienza a comentar cómo se prueba y fortalece la fe genuina con las pruebas externas. Explica que las pruebas están diseñadas para producir madurez, perseverancia y dependencia de Dios cuando el creyente se vuelve hacia Él en busca de sabiduría y capacitación. En lo que respecta a la tentación, Santiago indica:

- ▶ Las tentaciones son pruebas internas de fe
- ▶ Las tentaciones no proceden de Dios
- ▶ Las tentaciones hay que afrontarlas respondiendo y actuando, y no siendo meros oyentes de la palabra.

Santiago sigue analizando el concepto de fe cristiana explicando que la fe auténtica no muestra parcialidad entre ricos y pobres. La verdadera fe ama al prójimo como a sí mismo (ver Stg. 2:8). Santiago concluye mencionando que Abraham y Rahab del Antiguo Testamento son ejemplos perfectos de los que demuestran la fe con sus acciones.

▶ Capítulo 3 *Evaluación de la fe*

Santiago se refiere a la lengua como otra prueba de cómo actúa la fe auténtica: la fe controla nuestra lengua. Cita la sabiduría como una evidencia más de fe. Al igual que se puede identificar un árbol por el tipo de fruto que produce, usted puede evaluar el tipo de sabiduría que posee una persona por sus acciones. Santiago distingue también entre sabiduría *humana*, que conduce al desorden, y sabiduría *de Dios*, que conduce hacia la paz y la bondad.

▶ Capítulos 4:1–5:6 *Conflictos de fe*

La mundanalidad va en detrimento de la fe. Produce codicia, envidia, luchas y orgullo. La única cosa que puede ayudar a superar esto es la sumisión a Dios con un corazón humilde y arrepentido. Esta actitud de sumisión transformará nuestras acciones. Un auténtico cristiano no se queja, no abusa de Dios. Al contrario, pone su vida y sus planes en las manos de Él. Este espíritu de humildad evitará que el creyente en Cristo acumule riquezas... lo cual puede llevar directamente al orgullo y el egoísmo.

▶ Capítulo 5:7–20 *Perseverancia de la fe*

Santiago termina pidiendo a sus lectores que sean pacientes y que soporten el sufrimiento, reconfortándose con la idea de saber que algún día, el Señor regresará. Tienen que seguir el ejemplo de los profetas y de los hombres como Job, que sufrieron con paciencia. En todos esos casos, el Señor fue compasivo y misericordioso. Por lo tanto, los lectores de Santiago tienen que orar en medio de su sufrimiento y enfermedad, confiando en que las oraciones de los justos —los que tienen una fe auténtica (como el profeta Elías)— tendrán un efecto beneficioso. Santiago termina animando a los lectores a luchar por los que se han alejado de la verdad bíblica y no están de acuerdo con los principios de Dios porque sus almas están en peligro de quedar separadas de Él eternamente.

Mensaje principal

Los cristianos a menudo son culpables de dañar su testimonio con sus actos. Profesar una confianza auténtica en Dios y ser su pueblo, y no obstante continuar atado firmemente al mundo y a sus valores es una contradicción. Decir que uno tiene fe auténtica y que conoce todas las respuestas cuando todavía sigue buscando la riqueza y los placeres terrenales puede tener un efecto negativo en la manera en que perciben los no creyentes el mensaje del evangelio.

Aplicación personal

Santiago es un recordatorio de que la fe genuina transforma vidas. Debe poner su fe en Cristo en acción. Es fácil decir que se tiene fe, pero la fe auténtica producirá acciones afectuosas hacia los demás. La fe no debe ser un mero conocimiento, debe vivirse de corazón. La prueba de que su fe es genuina es un cambio que se manifieste en un modo de vida cristiano. Santiago 1:19 dice que el creyente tiene que ser "... pronto para oír, tardo para hablar, tardo para airarse". No hay nada más práctico que esto.

Lecciones para la vida en Santiago

▸ La fe genuina producirá cambios auténticos en su vida.

▸ La tentación no es un pecado, pero si no se maneja adecuadamente, puede conducir al pecado.

▸ Ser rico no es pecado, pero el egoísmo sí. Dios le ha dado dinero para que satisfaga las necesidades de los demás.

▸ Orar juega un papel importante en el ministerio de la iglesia local.

▸ Dios no hace acepción de personas, y tampoco debería hacerlo usted.

Dónde encontrarlo

La naturaleza divina de Dios: Dios...

Da sabiduría (1:5)

No es tentado por el mal (1:13)

Da toda buena dádiva (1:17)

No cambia (1:17)

Es el Padre de las luces, el Creador (1:17-18)

Es justo (1:20)

Es nuestro Padre (3:9)

Da gracia a los humildes (4:6)

Da la ley (4:12)

Es el Señor soberano (4:15)

1 Pedro

Pues para esto fuisteis llamados;
porque también Cristo padeció por nosotros,
dejándonos ejemplo, para que sigáis sus pisadas.
(2:21)

☖

Tema: Responder al sufrimiento
Fecha: 64-65 d.C.
Autor: Pedro
Lugar: Roma

Primera de Pedro se escribió cuando Roma fue incendiada por el emperador Nerón. La persecución de los cristianos se había estado incrementando, y su intensidad se aceleró cuando Nerón extendió el falso rumor de que el fuego lo habían iniciado los cristianos. Pedro escribe esta carta a los cristianos de todo el Imperio romano para mostrarles cómo vivir victoriosamente en medio de la hostilidad sin perder la esperanza, sin volverse unos resentidos, y confiando en la segunda venida del Señor. Pedro cree que si sus lectores viven con obediencia en medio de una sociedad hostil, pueden ser herramientas evangelizadoras en manos de Dios.

Esquema

▶ **Capítulos 1:1–2:10** *Recordar la gran salvación de Dios*

Dirigiendo su carta a los creyentes romanos de las provincias, Pedro comienza dando las gracias a Dios por el don de la salvación.

Después explica a sus lectores que las pruebas perfeccionarán su fe. A pesar de las circunstancias, deberían creer en el plan de Dios para la salvación, como lo hicieron muchos otros en el pasado. Incluso los profetas de antes que escribieron sobre ello lo creían, aunque no lo entendían. Pero ahora la salvación ha sido revelada en Cristo. Así que en respuesta a tan grande salvación, Pedro exhorta a sus lectores a vivir un vida piadosa, a temer con reverencia a Dios y confiar en Él, a ser honestos y afectuosos en sus relaciones con los demás y a ser como piedras vivas con Cristo, la "piedra preciosa" y "la piedra del ángulo" sobre la cual se edificará la iglesia (2:4, 6).

> **Capítulos 2:11–4:6** *Recordar el ejemplo de Cristo*

Pedro explica cómo deberían vivir los creyentes en el mundo durante los tiempos difíciles. Deberían estar por encima de todo reproche, imitando a Cristo en todos sus papeles: amos o esclavos, esposos o esposas, jóvenes o ancianos, miembros de la iglesia y vecinos. Pedro desea que si tiene que llegar el sufrimiento, no sea por hacer el mal, sino por el comportamiento piadoso. Señala a Jesucristo como ejemplo de obediencia a Dios en medio del sufrimiento.

> **Capítulos 4:7–19** *Regocijarse en el regreso del Señor*

Pedro advierte que el fin está cerca y que el regreso del Señor está próximo. Por lo tanto, los cristianos deben ser serios y atentos en sus oraciones, amarse unos a otros, ser hospitalarios, utilizar los dones espirituales para servirse mutuamente y regocijarse en su sufrimiento, todo lo cual da gloria a Dios.

> **Capítulo 5** *Revelación de algunas instrucciones especiales*

Pedro ofrece estas palabras finales de instrucción: los ancianos tienen que cuidar a los creyentes; los jóvenes tienen que someterse al liderazgo de los ancianos; y todos ellos tienen que someterse unos a otros en humildad. Humildemente, los creyentes tienen que poner sus cuidados en manos de Dios porque Él se preocupa por ellos. También tienen que resistir al diablo, que camina alrededor como un león rugiente. Finalmente, Pedro concluye con una gran declaración de seguridad: Dios obra a través de todo lo que sucede en las vidas de sus lectores —incluso a través de sus problemas— para proporcionar fuerza de carácter, que también traerá gloria a Dios.

Mensaje principal

Pedro compuso esta carta a los líderes cristianos que estaban experimentando la persecución por su fe en Cristo. Escribió para reconfortarlos recordándoles su salvación y su esperanza de vida eterna. Los animó a vivir vidas piadosas y a darse cuenta de que los que sufren por su fe se convierten en compañeros de Cristo en su sufrimiento.

Aplicación personal

Hoy día, muchos cristianos de todo el mundo sufren por sus creencias. Puede que usted esté entre ellos o puede que no. Pero todos los cristianos deberían esperar ser perseguidos porque Jesús dijo: "... En el mundo tendréis aflicción..." (Jn. 16:33). Si los demás ven su fe, es posible que lo ridiculicen y rechacen. Pero Pedro dijo que no debe asustarse por ello. Aunque vive en este mundo con su persecución, también es un ciudadano del cielo que vivirá en la eternidad con Cristo. Esta doble ciudadanía debería ofrecerle confianza para mantenerse firme cada vez que su fe en Cristo se vea amenazada. Es necesario que considere cada confrontación como una oportunidad para que su fe mejore y se fortalezca. Cuando se enfrente a la persecución y al sufrimiento, recuerde las palabras de Pedro: "Pues para esto fuisteis llamados; porque también Cristo padeció por nosotros, dejándonos ejemplo, para que sigáis sus pisadas" (1 P. 2:21).

Lecciones para la vida en 1 Pedro

▶ Se espera que usted se someta a las autoridades gobernantes.

▶ Su conducta debería dirigir a los no creyentes hacia Cristo, especialmente a los de su propia familia.

▶ No debería sorprenderse por la persecución.

▶ Puede enfrentarse a la persecución como hizo Cristo si confía en que Él le da fuerzas para ello.

Dónde encontrarlo

Deseo de la leche pura de la Palabra de Dios .... 1 Pedro 2:1-2

Sometimiento a los gobernantes .... 1 Pedro 2:13-17

Sometimiento de las esposas .... 1 Pedro 3:1-6

El hombre llamado Pedro

- De ocupación pescador
- Fue uno de los primeros en ser llamados para servir a Jesús
- Fue uno de los 12 discípulos
- Uno de los tres discípulos más cercanos a Jesús, junto con Jacobo y Juan
- Era imprudente e impulsivo de palabra y obra
- Negó a Cristo tres veces
- Fue restaurado por Cristo para "alimentar" a su rebaño, su pueblo
- Predicó el primer sermón después de fundar la iglesia
- Tenía dificultades para aceptar a los gentiles en la iglesia
- Proporcionó a Juan Marcos los relatos de primera mano sobre la vida de Jesús
- Escribió 1 y 2 Pedro
- Según la tradición, fue crucificado cabeza abajo en Roma

2 Pedro

Tenemos también la palabra profética más segura,
a la cual hacéis bien en estar atentos como a una antorcha
que alumbra en lugar oscuro, hasta que el día esclarezca
y el lucero de la mañana salga en vuestros corazones.
(1:19)

Tema: Advertencia en contra de los falsos maestros
Fecha: 67-68 d.C.
Autor: Pedro
Lugar: Prisión en Roma

Unos tres años después de escribir su primera carta, el apóstol Pedro escribe una segunda, en la cual expresa alarma por los falsos maestros que han invadido las iglesias de Asia Menor. Ya han causado problemas, y Pedro prevé que si sus falsas enseñanzas y su estilo de vida inmoral continúan, tendrán un efecto desastroso en las iglesias donde se han infiltrado. Por lo tanto, como testamento, Pedro escribe esta carta desde la celda de la prisión para advertir a los creyentes sobre los peligros de los falsos maestros. Para estar preparados para lo que se avecina, sus lectores tienen que saber algunas cosas.

Esquema

▸ **Capítulo 1** *Conocer la Biblia*

Tras una breve introducción, Pedro dice que la cura para el estancamiento y la miopía de la vida cristiana es el conocimiento de la verdad. Sus lectores deben seguir desarrollando su carácter cristiano, el cual les ofrece seguridad para su salvación. Explica que sus días están contados y que sus lectores necesitan prestar atención a este mensaje apostólico y a las palabras de las Escrituras.

▶ **Capítulo 2**   *Conocer al enemigo*

Después Pedro hace una descripción gráfica de los falsos maestros, que son muy numerosos en los últimos tiempos. Hacen y dicen cualquier cosa por dinero. Se ríen de las cosas de Dios. Hacen lo que les apetece. Son orgullosos y presumidos. Sus obras son capaces de persuadir a los creyentes inmaduros. Pero la voluntad de Dios liberará a su pueblo y castigará a los que intentan destruir la fe.

▶ **Capítulo 3**   *Conocer el futuro*

Pedro ahora cuenta a sus lectores que en su primera carta y en esta segunda les está recordando lo que pueden esperar de los falsos maestros. Se mofan ante la idea de la segunda venida de Cristo y dicen que Dios no interviene en los asuntos del mundo. Pero Pedro llama la atención sobre tres intervenciones divinas: la creación, el diluvio y la futura destrucción de los cielos y la tierra. Explica que lo que parece una promesa incumplida por parte de Dios se debe a su paciencia al esperar que más personas lleguen a salvarse conociendo a Cristo. No obstante, el día del Señor *llegará* y *establecerá* un nuevo cielo y una nueva tierra. Ante la llegada de ese día, Pedro exhorta a sus lectores a vivir de forma piadosa, firme y madura.

Mensaje principal

Anteriormente, Pedro había escrito para reconfortar y animar a los creyentes que eran perseguidos y se sentían afligidos, o sea, estaban sufriendo los ataques externos del enemigo de sus almas. Ahora, tres años más tarde, escribe para advertir a las iglesias de los ataques internos producidos por el estancamiento y la herejía. Para Pedro, la solución a estos dos problemas es madurar en la gracia y el conocimiento de Cristo. El mejor antídoto contra el error es conocer mejor la verdad. Esta madurez procede de la Palabra de Dios, que contiene todo lo que un creyente necesita para "la vida y la piedad" (1:3).

Aplicación personal

Las advertencias tienen distintas formas: luces, señales, sonidos, olores y la palabra escrita. Nadie que valore su vida física deja de responder a una o a todas estas formas de advertencia. ¿Está usted leyendo en la Biblia las advertencias de Dios sobre el peligro espiritual? ¿Y está respondiendo a ellas? No le dé la espalda a las advertencias de Dios. Preste atención a 2 Pedro 3:18 y madure en la gracia y el conocimiento de Jesús. El crecimiento espiritual puede mantenerlo fiel y darle el discernimiento para defenderse de las artimañas y los modos de actuar de Satanás y sus falsos maestros.

Lecciones para la vida en 2 Pedro

▶ Se le ordena que madure en el conocimiento de Dios.

▶ Su madurez combate la pereza espiritual y el engaño del enemigo.

▶ No deje de prestar atención a las advertencias de las Escrituras.

▶ Cada día que el Señor retrasa su regreso debe ser un día dedicado a vivir de forma piadosa y a servir con diligencia.

Dónde encontrarlo

Nuestra plenitud en Cristo ....2 Pedro 1:2-3

El origen de las Escrituras ....2 Pedro 1:20-21

Una breve historia del juicio de Dios......................2 Pedro 2:4-11

La percepción que Dios tiene del tiempo ....2 Pedro 3:8

El día del Señor
2 Pedro 3:10-13
Será el día del castigo para los impíos.
Vendrá como ladrón en la noche.
Los cielos se desharán.
La tierra será quemada.
Se crearán cielos nuevos y tierra nueva.

1 Juan

Lo que hemos visto y oído, eso os anunciamos,
para que también vosotros tengáis comunión
con nosotros; y nuestra comunión verdaderamente
es con el Padre, y con su Hijo Jesucristo.
(1:3)

☙

Tema: Comunión con Dios
Fecha: 90 d.C.
Autor: Juan
Lugar: Efeso

Aunque de edad avanzada y probablemente siendo ya el único sobreviviente de los apóstoles y discípulo original de Cristo, Juan continúa involucrado activamente en el ministerio. Como el último apóstol que queda, sus palabras tienen mucha autoridad en las iglesias de Asia Menor. En esta carta (al igual que en 2 y 3 Juan), escribe a estas iglesias como un pastor. Han pasado 50 años desde que Jesús caminó por la tierra físicamente. La mayoría de los testigos del ministerio de Cristo ya han muerto, pero Juan sigue vivo para dar testimonio de Jesús. Caminó y habló con Él, lo vio curar a los enfermos y resucitar a los muertos, lo vio morir y fue testigo de su resurrección y ascensión al cielo. Juan *conoció* a Dios; había experimentado la comunión con Él y lo había visto enseñar, servir y ministrar a los demás. Ahora, teniendo en cuenta a la nueva generación de creyentes, Juan quiere que sus lectores tengan la certeza de que Dios habita en ellos a través de la relación permanente que tienen con Cristo. Resumiendo, describe lo que significa tener comunión con Dios. Al mismo tiempo, advierte que los falsos maestros han entrado en las iglesias, negando que Jesús realmente se haya venido en cuerpo humano. Como rechazan abiertamente la reencarnación de Cristo, Juan escribe desde la experiencia personal para corregir este error.

Esquema

▶ **Capítulos 1:1–2:2** *La base de la comunión*

Juan comienza su carta presentando sus credenciales como testigo de la persona de Cristo. Jesús no era un espíritu, sino alguien al que se podía tocar físicamente. El propósito de Juan es transmitir su testimonio personal de la vida y el ministerio de Jesús a sus lectores para que puedan compartir la misma dulce comunión que Juan disfrutó con Él. Esta comunión es posible gracias a la sangre de Jesús, que limpia al creyente y satisface la demanda de justicia que el Padre exige contra el pecado. En consecuencia, los creyentes caminarán en esta luz de la comunión con Dios y confesarán de buen grado su pecado, sabiendo que tienen un abogado ante el Padre: Jesucristo.

▶ **Capítulo 2:3-27** *Los compañeros de la comunión*

La comunión con Dios tiene acciones asociadas a ella. Estas acciones son la compañía constante del creyente. Alguien que esté unido a Dios vivirá en obediencia, caminará cristianamente, amará a su hermano, se separará del mundo, confesará que Jesús es el Hijo de Dios y tendrá la unción del Espíritu Santo.

▶ **Capítulos 2:28–3:23** *La marca de la comunión*

El tema básico de 1 Juan se puede resumir de la siguiente manera: la comunión con Cristo procede de una relación cercana con Él. Esto sucede cuando una persona se regenera, cuando nace de nuevo. El que tiene comunión con Cristo actúa con rectitud, espera su llegada, rechaza el pecado y ama a la familia de Dios (al contrario que Caín que mató a su hermano Abel). El amor de un creyente se manifiesta en el sacrificio personal y le proporciona confianza ante Dios.

▶ **Capítulos 3:24–4:21** *La prueba de la comunión*

Juan introduce ahora el importante concepto de que Dios habita en los creyentes mediante el Espíritu Santo. Cuando el Espíritu de Dios está en una persona, esta confiesa que Jesús ha venido en carne y manifiesta su amor a los demás. Este amor confirma la realidad de Jesús —Dios encarnado— y anticipa la comunión perfecta que ha de venir. Este amor da al creyente confianza en que un día conocerá a aquel del que procede todo el amor: Jesús.

▶ **Capítulo 5**   *La garantía de la comunión*

Juan concluye enumerando las maneras en las que los creyentes pueden asegurarse su comunión con Dios: 1) creer en Jesucristo; 2) amar tanto al Padre como al Hijo; 3) cumplir los mandamientos de Dios; 4) experimentar la victoria ante el mundo; 5) experimentar el testimonio del Espíritu Santo; 6) poseer la vida eterna; y 7) estar seguros de que sus oraciones son respondidas.

Mensaje principal

Muchos se preguntan sobre la verdadera identidad de Jesús. ¿Era solo un buen hombre, probablemente el mejor hombre que vivió jamás? ¿Era un hombre con aires de grandeza, un hombre con complejo de Mesías? ¿Era realmente el hombre-Dios, cien por ciento Dios y cien por ciento hombre? Escuchar tales especulaciones sobre Jesús podría hacer que una persona tuviese dudas sobre Él. Juan se apresura a dar confianza a sus lectores con una serie de fundamentos de la fe cristiana. Lo básico para la fe cristiana es que solo Jesús está cualificado para ofrecer el sacrificio perfecto por nuestros pecados: su cuerpo. Él y solo Él es capaz de satisfacer los requisitos de Dios el Padre como pago de la deuda por el pecado.

Aplicación personal

Juan escribe esta carta para despejar cualquier duda que pudieran tener los creyentes y ofrecerles la seguridad de que, si se cree en el Hijo de Dios, se obtiene la vida eterna. El apóstol logra esto pintando una imagen clara de Jesús, el Cristo, el Hijo de Dios, Dios encarnado. ¿Cree en el Hijo de Dios? Si es así, Juan dice: "Y este es el testimonio: que Dios nos ha dado vida eterna; y esta vida está en su Hijo. El que tiene al Hijo, tiene la vida" (1 Jn. 5:11-12). Armado con el testimonio de su comunión con Dios, usted debe vivir piadosamente, amar a los demás creyentes y desear que Él regrese en gloria.

Lecciones para la vida en 1 Juan

▶   El amor es una marca de su comunión con Dios.

▶   Se le ha ordenado que ame a los demás como hizo Jesús.

► Debe resistirse al pecado, y cuando peque, debe confesar su mal a Dios.

► La comunión con Dios es una promesa, pero también es una responsabilidad para su forma de vivir la vida.

Dónde encontrarlo

Datos sobre Juan, el discípulo al que Jesús amaba
Juan 21:20

- De ocupación pescador
- Uno de los seguidores de Juan el Bautista antes de seguir a Jesús
- Uno de los tres discípulos más cercanos a Jesús, junto con su hermano Jacobo, y Pedro (Mt. 17:1; 26:37)
- Apodado por Jesús, junto con su hermano Jacobo, como "hijos del trueno" (Mr. 3:17)
- Se pidió para él una posición especial en el reino de Jesús
- Se apoyó en el pecho de Jesús durante la última cena
- Realizó su ministerio con Pedro (Hch. 3:1; 4:13; 8:14)
- Se convirtió en una "columna" de la iglesia de Jerusalén (Gá. 2:9)
- Fue exiliado a la isla de Patmos (Ap. 1:9)
- Fue el discípulo que vivió más tiempo
- Escribió cinco libros del Nuevo Testamento: el Evangelio de Juan, 1, 2, 3 Juan; Apocalipsis.

---

2 Juan

Si alguno viene a vosotros, y no trae
esta doctrina [de Cristo], no lo recibáis en casa,
ni le digáis: ¡Bienvenido! Porque el que le dice:
¡Bienvenido! participa en sus malas obras.
(vv. 10-11)

&

Tema: Discernimiento cristiano
Fecha: 90-95 d.C.
Autor: Juan
Lugar: Efeso

El apóstol Juan todavía está enfrentándose al mismo problema que trató en su primera epístola: los falsos maestros. En esta segunda carta, Juan está preocupado por el ministerio itinerante que los falsos maestros llevan a cabo para tratar de convertir a algunos de las distintas iglesias que están bajo la autoridad de Juan. El apóstol le escribe a una mujer en especial que sin saberlo o de forma imprudente parece haber ofrecido su hospitalidad a estos falsos maestros. Juan teme que ellos se estén aprovechando de su amabilidad y le advierte que no se muestre hospitalaria con estos engañadores.

Esquema

▶ **Versículos 1-3**   *Saludo*

Juan se llama a sí mismo "el anciano" cuando envía sus saludos a una "señora elegida" desconocida y a sus hijos. Como en todos sus escritos, Juan dice que una relación cristiana con Dios es vivir en verdad y amor.

▶ **Versículos 4-6** *Elogio*

El apóstol elogia a sus lectores porque caminan obedeciendo a Dios. Les recuerda que el mandamiento de ser hospitalario debe practicarse amándose unos a otros.

▶ **Versículos 7-11** *Advertencia*

Ahora Juan advierte a sus lectores que tengan cuidado con los engañadores que no afirman que Jesucristo realmente ha venido en carne. Son "anticristos", explica, así que no hay que ser en absoluto hospitalarios con ellos. Ni siquiera hay que saludarlos para no participar en sus malas obras.

▶ **Versículos 12-13** *Bendición*

Juan termina esta breve carta diciendo que tiene más que decir, pero que esperará hasta cuando vaya a ellos para compartir sus pensamientos, para que su gozo sea completo.

Mensaje principal

Juan ha comprobado la verdad y el amor de primera mano: ha estado con Jesús. Estos ideales le han afectado tanto que todos sus escritos —el Evangelio de Juan, 1 Juan y ahora 2 Juan— están llenos de estos temas. La verdad y el amor son vitales para el cristiano e inseparables de la vida cristiana. En esta breve carta a una querida amiga, Juan le advierte que siga la verdad y el amor de Dios, y muestre hospitalidad a aquellos que se mantienen fieles a los fundamentos de la fe. Al mismo tiempo, debe evitar a los que intentan destruir estas creencias básicas.

Aplicación personal

La preocupación de Juan también es adecuada hoy día. Debe practicar su hospitalidad cristiana con discernimiento. No se le pide que acepte automáticamente a todo aquel que asegura ser un creyente. Aceptar a un falso maestro en su casa en realidad puede ayudar a los que intentan destruir las creencias que usted mantiene con tanto cariño y por las que tantas personas han pagado un alto precio por conservar. ¿Qué tan preparado está usted para discernir entre verdad y error? Primero, lea y estudie la Palabra de Dios. Luego, compare lo que otros enseñan con lo que dice la Biblia. Y después evite a aquellos que no se ajustan a las enseñanzas de Cristo.

Lecciones para la vida en 2 Juan

▶ Obedecer la verdad tiene que ser un hábito continuado en su vida.

▶ ¡Tenga cuidado! Los falsos maestros son muy engañosos. Observe sus vidas y su mensaje para ver si está en consonancia con las Escrituras.

▶ La falta de hospitalidad solo debe reservarse para aquellos que podrían destruir la verdad de Cristo.

▶ El desacuerdo sobre temas menores no es razón para evitar ser hospitalario.

Dónde encontrarlo

Algunos que mostraron hospitalidad en la Biblia

Abraham, a los tres seres angélicos	Génesis 18:1-8
Lot, a los dos ángeles	Génesis 19:1-11
Labán, al siervo de Abraham	Génesis 23:11-61
La sunamita, a Elías	2 Reyes 4:8-10
María y Marta, a Jesús y sus discípulos	Lucas 10:38-42
Priscila y Aquila, a Pablo	Hechos 18:2
Las viudas del Nuevo Testamento	1 Timoteo 5:9-10

3 Juan

*Amado, fielmente te conduces cuando prestas
algún servicio a los hermanos, especialmente
a los desconocidos.*
(v. 5)

☘

Tema: Hospitalidad cristiana
Fecha: 90-95 d.C.
Autor: Juan
Lugar: Efeso

Esta es la tercera carta de Juan escrita a los que están bajo su cuidado y liderazgo. Como en 2 Juan, esta carta trata sobre la hospitalidad cristiana. En esos tiempos, los líderes de la iglesia viajaban de ciudad en ciudad ayudando a establecer nuevas iglesias y a fortalecer las ya existentes. Estos obreros dependían de la hospitalidad de los otros creyentes. Esta carta incluye tres mensajes diferentes sobre tres hombres: Juan alaba a Gayo por su hospitalidad; condena a Diótrefes por servir a sus propios intereses; y felicita a Demetrio por su buen testimonio.

Esquema

▸ **Versículos 1-8** *Hospitalidad de Gayo*

Una vez más, Juan se denomina a sí mismo "el anciano" cuando responde con alegría a la noticia de que su "amado Gayo" anda en la verdad. Juan reconoce sus acciones hacia los maestros y misioneros que están de viaje. Estos viajeros no aceptan fondos de los no creyentes y dependen enteramente de la hospitalidad de los cristianos fieles como Gayo. Juan lo anima a seguir participando en sus ministerios.

▶ **Versículos 9-10**   *Falta de hospitalidad de Diótrefes*

Juan ahora pasa a hablar sobre el ejemplo negativo de un hombre llamado Diótrefes, cuyo orgullo no le permite aceptar a los maestros itinerantes que el apóstol envía. Si cualquiera de los creyentes intenta aceptar a uno de esos maestros en su casa, Diótrefes lo echa de la iglesia. Juan comenta que es necesario que él ejerza su autoridad y reprenda a Diótrefes por su conducta nada cristiana.

▶ **Versículos 11-13**   *El buen testimonio de Demetrio*

En esta instancia, Juan advierte a sus lectores que no deben imitar lo malo (como, por ejemplo, la conducta de Diótrefes en los versículos 9-10; no se cuestionan sus creencias sino su forma de aplicarlas). Las malas acciones de Diótrefes muestran su ceguera hacia lo esencial que Juan ha predicado con tanta pasión en las dos cartas anteriores: amarse unos a otros. Por otra parte, la vida de Demetrio es un testimonio de lo que es bueno. Todos hablan muy bien de él, incluso el mismo Juan, y su vida es una realidad viva de la verdad.

Mensaje principal

El amor, la humildad y el conocimiento de la verdad son esenciales para la hospitalidad bíblica. Gayo muestra una hospitalidad perfecta y da la bienvenida a los que creen y enseñan la verdad. El orgullo de Diótrefes no le permite mostrarse hospitalario hacia los que lo necesitan, lo merecen y se podrían beneficiar de ello en su iglesia. Demetrio, en cambio, hace lo correcto en el área de "amar al desconocido", mostrando hospitalidad con los creyentes que lo necesitan.

Aplicación personal

Tercera de Juan es una estupenda manera de recordar el papel positivo de la hospitalidad en la iglesia… y el poder destructivo del orgullo en un líder. Tanto si es usted un líder como si es un miembro de la iglesia, se le recomienda: "Hospedaos los unos a los otros sin murmuraciones" (1 P. 4:9). Sea exigente con aquellos a los que recibe en su hogar. Sea fiel en la extensión del ministerio de la hospitalidad. Tenga cuidado y no permita que el orgullo interfiera en el mandato de Dios de recibir y cuidar a los demás. Asegúrese de mostrar amor hacia todos.

Lecciones para la vida en 3 Juan

▸ Trate de andar en la verdad. Esto le permitirá demostrar una hospitalidad amorosa.

▸ Sea consciente de que los maestros, líderes y misioneros necesitan su apoyo.

▸ Acompañe a los obreros cristianos apoyándolos en sus ministerios.

▸ Anímelos para que no se fatiguen en su servicio.

▸ Sea cuidadoso y no utilice mal su posición de líder.

Dónde encontrarlo

Los apóstoles Jacobo y Juan

- Jacobo y Juan eran hermanos.
- Jacobo era el hermano mayor.
- Jacobo y Juan eran pescadores en Galilea.
- Jacobo y Juan eran los hijos de Zebedeo.
- Jesús los llamaba "hijos del trueno" (Mr. 3:17).
- Juan era uno de los tres más cercanos a Jesús.
- Juan se identificó a sí mismo como "el discípulo a quien Jesús amaba" (Jn. 21:20).
- A Juan se lo denomina a veces "el apóstol del amor".
- Juan fue exiliado cuando ya era mayor a la isla de Patmos, donde escribió el libro de Apocalipsis.
- Jacobo fue el primer apóstol martirizado.
- Se desconoce cómo murió Juan.

Judas

*Amados, por la gran solicitud que tenía de escribiros
acerca de nuestra común salvación, me ha sido necesario
escribiros exhortándoos que contendáis ardientemente
por la fe que ha sido una vez dada a los santos.*
(v. 3)

☙

Tema: Defensa de la fe
Fecha: 68-69 d.C.
Autor: Judas
Lugar: Jerusalén

Aunque Judas en un principio había rechazado a Jesús como Mesías, se convirtió, junto con los otros tres medios hermanos de Jesús, después de la resurrección. Debido a su cercana relación familiar y a que fue testigo de la vida, el ministerio y la resurrección de Jesús, Judas siente una pasión ardiente por la salvación que procede de Cristo. Pero cuando escribe, pasa a un asunto que le preocupa mucho en ese momento: la amenaza que los maestros heréticos suponen para la iglesia y la respuesta que los cristianos deberían dar ante ellos. Por lo tanto, Judas trata de motivar a sus lectores para que se despierten de su complacencia y actúen contra los falsos maestros.

Esquema

▸ **Versículos 1-4** *Razones para escribir*

Judas empieza identificándose como "siervo" de Jesús y hermano de Jacobo (Santiago), de quien la historia y las Escrituras dicen que era el líder de la iglesia de Jerusalén, el autor de la Epístola de Santiago y medio hermano de Jesús. Judas está a punto de escribir un tratado sobre la salvación cuando las malas noticias lo obligan a dejar de lado este tema. Teniendo en cuenta a los que niegan a Cristo y utilizan la gracia de Dios para justificar el comportamiento inmoral, Judas escribe estas oportunas palabras de reprimenda y advertencia.

▶ **Versículos 5-16** *El peligro de los falsos maestros*

Judas comienza esta sección recordando a los lectores que los falsos maestros tendrán el mismo destino que otros tres grupos del Antiguo Testamento: los incrédulos discutidores que murieron en el desierto; los ángeles caídos que cohabitaron con las mujeres antes del diluvio y que están encadenados hasta el día del juicio; y los hombres que exhibieron un comportamiento homosexual y fueron abatidos en la destrucción de Sodoma y Gomorra. Judas presenta a los falsos maestros como seres dominados por la carne que rechazan la autoridad y como seres angélicos que blasfeman. Judas compara a los falsos maestros con tres hombres rebeldes de la Biblia —Caín (de Génesis), Coré y Balaam (de Números)— y dice que su maldad es comparable a nubes sin agua, árboles desarraigados, fieras ondas de mar y estrellas errantes. Judas confirma que Dios juzgará a esos hombres impíos.

▶ **Versículos 17-25** *El deber de defender la verdad de Dios*

Después de hablar sobre el comportamiento de los falsos maestros, Judas se dirige a sus lectores y les recuerda que otros han advertido en contra de estos hombres. Los exhorta a protegerse contra esta embestida de apostasía edificándose a sí mismos en las Escrituras, orando continuamente en el Espíritu por la voluntad de Dios y buscando la segunda venida de Cristo. Al defender la verdad del Señor, deben mostrar compasión hacia los que la merezcan y si es necesario, sacar a otros del fuego de la apostasía intentando no contaminarse ellos también. Judas después regresa al tema de la salvación que mencionó al comienzo de la carta. Termina con una de las doxologías más citadas de la Biblia (vv. 24-25), que resalta el poder de Cristo para evitar que sus seguidores sean dominados por el enemigo.

Mensaje principal

Es una característica humana luchar por la supervivencia y defender lo que es más preciado: el hogar, la familia y la libertad. Las verdades de Dios que se encuentran en la Biblia tienen un valor infinito y, por eso, son atacadas. Durante siglos muchos se han opuesto al pueblo de Dios y a la verdad que representa. Estos enemigos tuercen la verdad, tratando de engañar y destruir a los que se confían. Pero las verdades de Dios y su Palabra permanecen, son transmitidas y defendidas por los que han comprometido su vida a Jesucristo. Es una responsabilidad importante y un gran privilegio formar parte de esta herencia.

Aplicación personal

¿Qué valor le da a la Palabra de Dios? ¿A la Iglesia de Dios? ¿Al pueblo de Dios? Hoy, como en el pasado, muchos falsos maestros se han infiltrado en nuestras iglesias, en nuestros institutos bíblicos, en nuestras instituciones cristianas. ¿Qué precio está dispuesto a pagar por defender la verdad de Dios? ¿Está listo para ponerse al lado de Judas y contender "...ardientemente por la fe que ha sido una vez dada a los santos" (v. 3)? Si es así, usted está al lado de Judas junto con la larga fila de soldados cristianos fieles que han respondido al llamamiento y luchan la buena batalla de la fe contra las fuerzas del mal que buscan las almas de los hombres.

Lecciones para la vida en Judas

▶ Mientras Satanás esté vivo y coleando, los falsos maestros amenazarán la iglesia con el error. Haga lo que sea necesario para conocer la verdad.

▶ Recuerde que una de las características reveladoras de los falsos maestros es su comportamiento temerario e impío.

▶ Los falsos maestros actúan como si Dios no fuera a castigar su comportamiento impío.

▶ Los siervos auténticos de Dios apuntarán fielmente a Cristo con sus palabras y su conducta.

▶ La complacencia no es una opción para los cristianos. Usted tiene que defender la fe seriamente.

Dónde encontrarlo

Advertencia de Judas contra la apostasía..................Versículo 4

Descripción de Miguel, el arcángel..............................Versículo 9

Descripción de un apóstata según Judas

Impío (v. 4)

Inmoral (v. 4)

Niega a Dios (v. 4)

Rechaza la autoridad (v. 8)

Murmurador (v. 16)

Busca faltas en los demás (v. 16)

Se burla de la verdad (v. 18)

Causa divisiones (v. 19)

Sensual (v. 19)

No tiene al Espíritu Santo (v. 19)

Apocalipsis

La revelación de Jesucristo, que Dios le dio,
para manifestar a sus siervos las cosas que deben
suceder pronto; y la declaró enviándola por medio
de su ángel a su siervo Juan.
(1:1)

☩

Tema: La revelación de Jesucristo
Fecha: 94-96 d.C.
Autor: Juan
Lugar: Isla de Patmos

En estos momentos, Juan es el único sobreviviente de los 12 discípulos originales. Ahora es un anciano y ha sido desterrado a Patmos, una pequeña isla en el mar Egeo frente a la costa de Efeso, por haber predicado fielmente el evangelio. Mientras estaba en Patmos, Juan recibe una serie de visiones que describen la historia futura del mundo. Estas revelan a Jesucristo como el divino Pastor preocupado por la condición de la Iglesia, como el Juez justo que castigará a los malos, y el triunfante Rey que establecerá su reino para toda la eternidad.

Esquema

▶ **Capítulo 1** *La visión del Cristo glorificado*

Al apóstol Juan se le pide: "Escribe las cosas que has visto, y las que son, y las que han de ser después de estas" (v. 19). Juan ve al Cristo glorificado y lo describe de manera similar a las visiones de Dios en el Antiguo Testamento (ver Daniel y Ezequiel). Se ve a Jesús entre sus iglesias con el deseo de que su pueblo sea puro y libre de pecado. En respuesta a la visión de la asombrosa gloria del Señor, Juan cae a los pies de Jesús atemorizado.

▶ **Capítulos 2–3** *Las cartas a las siete iglesias*

En la visión de Juan, Jesús habla a siete iglesias diferentes que están en varios estados de salud espiritual. La mayoría recibe alabanza por sus buenas obras y reprimendas por los problemas en los que están inmersas. Cristo elogia a los que declaran la verdad y están dispuestos a sufrir por Él, y condena a los que han perdido su amor por Él, toleran el pecado o se han sentido fascinados por las riquezas mundanas.

▶ **Capítulos 4–5** *La escena del cielo*

El capítulo 4 comienza con una escena en el cielo, donde Juan ve a Dios en su trono rodeado de muchos que lo adoran día y noche sin cesar. Uno de los cantos de alabanza dice: "Señor, digno eres de recibir la gloria y la honra y el poder; porque tú creaste todas las cosas, y por tu voluntad existen y fueron creadas" (4:11). El capítulo 5 continúa con la adoración de los ángeles, los ancianos y los seres vivientes al Cordero. Además, Cristo, el único merecedor de hacerlo, abre los siete sellos, que significa que los castigos y juicios de Dios en la tierra han comenzado.

▶ **Capítulos 6–20** *El juicio*

Juan revela lo que sucederá en los últimos días, o la tribulación de los siete años. Jesús abre el primero de los "siete sellos", lo desenrolla y da comienzo así a la destrucción. Después vienen las "siete trompetas" seguidas de las "siete copas". Estas describen la serie de juicios en los cuales Dios verterá su ira sobre la tierra. No obstante, incluso en esta época de juicio, la misericordia de Dios brilla tanto como siempre, porque Él continúa utilizando diferentes medios para alcanzar a los perdidos con el mensaje de salvación a través de Jesucristo. Durante este tiempo, el anticristo —el adversario de Cristo— tendrá poder sobre el mundo y desatará una persecución terrible sobre los cristianos. Al final, Cristo regresará a la tierra, destruirá al anticristo y establecerá su reino para siempre.

▶ **Capítulos 21–22** *La llegada de la eternidad*

Del cielo descenderán cielo nuevo y tierra nueva porque la actual tierra ha sido destruida. En este cielo nuevo y esta tierra nueva, estará la nueva Jerusalén, donde nunca más habrá pecado, ni muerte ni sufrimiento. Dios se instalará entonces en un reino eterno caracterizado por la rectitud, la paz y el amor. Este futuro reino es el que todos los cristianos esperan con expectación.

Mensaje principal

La palabra *revelación* (1:1) significa "descubrir o desvelar". Dios ha intentado revelarse a sí mismo a la humanidad desde el primer versículo de la Biblia en Génesis. Comenzando con su primer acto de creación, Él ha desvelado su destino eterno para el hombre. Con cada sucesiva generación, ha guiado a la raza humana hacia el propósito final de la redención de su creación perdida. Por el camino, y a lo largo del tiempo, el hombre se ha resistido a la redención de Dios. Se ha rebelado, pero también ha sufrido las consecuencias. Sin embargo, siempre ha habido un remanente que ha deseado conocer y seguir a Dios. Su camino de vida piadosa no ha sido fácil. Han sido perseguidos y matados por esta pasión santa. Pero ahora el libro del Apocalipsis muestra que está llegando el momento final. La promesa de Dios de la venida de un Rey está a punto de cumplirse. Jesús, el Siervo sufriente, la revelación última de Dios, regresa en toda su gloria y poder para conquistar a todo el que lo desafíe y a rescatar a su pueblo escogido. La historia habrá concluido. Se acabará el tiempo, y la creación será de nuevo envuelta en la eternidad.

Aplicación personal

Este libro es realmente "la revelación de Jesucristo" (1:1). Desde el principio hasta el final de este maravilloso escrito, se describe la gloria, la sabiduría y el poder de Cristo. Sus predicciones son más relevantes hoy que en ningún otro momento de la historia. Mientras esta se va desvelando diariamente, los misterios de este libro se van revelando a través de la política moderna, de las políticas económicas y las intervenciones militares. Se están desvelando los primeros signos de que el Rey llega para juzgar. Para cualquier creyente que sea transigente con el mundo, este libro lo anima a centrarse de nuevo en Jesús y su voluntad. Para los que se han vuelto complacientes en su celo por el regreso del Señor, este libro debería servirles de motivación para alcanzar nuevos niveles de diligencia mientras esperan. ¿Cree usted en su regreso? ¿Está usted preparado para ello?

Lecciones para la vida en Apocalipsis

▶ Dios controla a todas las personas y todo lo que pasa; lo que dice que va a ocurrir, sin duda ocurrirá. Esto debería darle a usted confianza en el futuro.

▶ Al final, la justicia y la rectitud prevalecerán. El pecado no durará siempre. Esto debería animarlo cada día de su vida.

▶ Los cristianos serán liberados algún día de este mundo de pecado y conocerán la perfección y la gloria en el cielo. Esto debería darle esperanza para la eternidad.

▶ Merece la pena adorar a Dios en todo momento. Esto debería animarlo a adóralo... ¡ahora!

Dónde encontrarlo

Los siete sellos ....5:1—8:1

Las siete trompetas ....8:2—11:19

Las siete copas de la ira .... 15:1—16:21

La batalla de Armagedón 19:17-19

Satanás lanzado al lago de fuego 20:10

Comentarios de Jesús sobre las siete iglesias
(2—3)

Iglesia n.° 1: La iglesia sin amor: Efeso
"Has dejado tu primer amor" (ver 2:4)

Iglesia n.° 2: La iglesia perseguida: Esmirna
"Yo conozco tu tribulación" (2:9)

Iglesia n.° 3: La iglesia negligente: Pérgamo
"Toleras el pecado" (2:14-15)

Iglesia n.º 4: La iglesia transigente: Tiatira
"Permites la enseñanza de prácticas inmorales" (2:20)

Iglesia n.º 5: La iglesia sin vida: Sardis
"Estás muerto" (3:1)

Iglesias n.º 6: La iglesia obediente: Filadelfia
"Has guardado mi palabra, y no has negado mi nombre" (3:8)

Iglesia n.º 7: La iglesia tibia: Laodicea
"Ni eres frío ni caliente" (3:15)

Las siete iglesias de Apocalipsis 2—3

Una última palabra

Al terminar este libro y con él su viaje por el corredor del tiempo, debería conocer mejor todo el relato de la obra de Dios en la historia. Espero que haya aplicado en muchas ocasiones la verdad del Señor y haya llegado a apreciar mejor la relación que Él ha ofrecido a través de su Hijo, Jesucristo. La obediencia fiel a la Palabra cambia nuestra vida y consigue que caminemos más cerca de Dios.

Antes de cerrar este libro, propóngase seguir estos pasos finales:

• Abra su corazón a la persona de Jesucristo, y a la salvación y al perdón del pecado que Dios le ofrece a través de Él, si todavía no lo ha hecho: "...porque no hay otro nombre bajo el cielo, dado a los hombres, en que podamos ser salvos" (Hch. 4:12).

• Continúe creciendo "...en la gracia y el conocimiento de nuestro Señor y Salvador Jesucristo..." (2 P. 3:18).

• Comparta el mensaje de amor y redención de Dios con otros; esa verdad que dice que "...de tal manera amó Dios al mundo, que ha dado a su Hijo unigénito, para que todo aquel que en él cree, no se pierda, mas tenga vida eterna" (Jn. 3:16).

Guía esencial para utilizar la Biblia

Temas de todos los libros de la Biblia

☖

Antiguo Testamento

Abdías . . . . Juicio justo
Jonás . . . . Clemencia de Dios para todos
Miqueas . . . . Juicio divino
Nahum . . . . Consuelo
Habacuc . . . . Confiar en un Dios soberano
Sofonías . . . . "El día grande de Jehová"
Hageo . . . . Reconstrucción del templo
Zacarías . . . . Liberación de Dios
Malaquías . . . . Reprobación del formalismo

Nuevo Testamento

Mateo . . . . El reino de Dios
Marcos . . . . El Siervo sufriente
Lucas . . . . El hombre perfecto
Juan . . . . El Hijo de Dios
Hechos . . . . La expansión del evangelio
Romanos . . . . La justicia de Dios
1 Corintios . . . . La conducta cristiana
2 Corintios . . . . Pablo defiende su apostolado
Gálatas . . . . Libertad en Cristo
Efesios . . . . Bendición en Cristo
Filipenses . . . . La vida llena de gozo
Colosenses . . . . La supremacía de Cristo
1 Tesalonicenses . . . . Preocupación por la iglesia
2 Tesalonicenses . . . . Vivir con esperanza
1 Timoteo . . . . Instrucciones para un discípulo joven
2 Timoteo . . . . Exhortación a un ministerio fiel
Tito . . . . Manual de conducta
Filemón . . . . Perdón
Hebreos . . . . La superioridad de Cristo
Santiago . . . . Fe genuina
1 Pedro . . . . Respuesta al sufrimiento
2 Pedro . . . . Advertencia en contra de los falsos maestros
1 Juan . . . . Comunión con Dios
2 Juan . . . . Discernimiento cristiano
3 Juan . . . . Hospitalidad cristiana
Judas . . . . Defensa de la fe
Apocalipsis . . . . La revelación de Jesucristo

Cómo estudiar la Biblia:
Consejos prácticos

☙

Una de las empresas más nobles en las que puede embarcarse un hijo de Dios es llegar a conocer y entender mejor la Biblia. La mejor manera de conseguir esto es leer con detenimiento el libro que Dios ha escrito, la Biblia, que nos dice quién es Él y cuál es su plan para la humanidad. Hay diversas maneras de estudiarla, pero una de las formas más eficaces y simples de enfocar su lectura y entender la Palabra de Dios consta de tres sencillos pasos:

Paso 1: Observación: *¿Qué dice el pasaje?*

Paso 2: Interpretación: *¿Qué significa el pasaje?*

Paso 3: Aplicación: *¿Qué puedo hacer con lo que dice y significa el pasaje?*

Observación

La observación es el primer y más importante paso del proceso. Cuando lea un texto de la Biblia, tiene que fijarse detenidamente en lo que dice y en cómo se dice. Busque:

▶ *Términos, no palabras.* Las palabras pueden tener muchos significados, pero los términos se utilizan de una forma específica en un contexto específico (por ejemplo, la palabra banco puede hacer referencia a un asiento con capacidad para varias personas, un establecimiento que custodia el dinero o un conjunto de peces que van juntos en gran número. Sin embargo, si lee: "Se pasaba las tardes sentada en el banco del parque", usted sabe perfectamente cuál es su significado; esto es un término).

▶ *Estructura.* Si mira en su Biblia, verá que el texto tiene unidades llamadas párrafos (indentadas o señaladas con el símbolo ¶). Un párrafo es una unidad completa de pensamiento. Se puede descubrir el contenido del mensaje del autor observando y entendiendo cada unidad de párrafo.

▸ *Énfasis.* La cantidad de espacio o el número de capítulos o versículos dedicados a un tema específico revelarán la importancia de ese tema. (Por ejemplo, fíjese en el énfasis de Romanos 9—11 y Salmos 119).

▸ *Repetición.* Esta es otra manera que tiene el autor de demostrar que algo es importante. Cuando leemos 1 Corintios 13, donde el autor utiliza la palabra "amor" nueve veces en solo 13 versículos, esto nos comunica que el amor es el punto central de estos 13 versículos.

▸ *Relación entre ideas.* Preste atención, por ejemplo, a ciertas relaciones que aparecen en el texto:

—Relación causa-efecto: "Bien, buen siervo y fiel; sobre poco has sido fiel, sobre mucho te pondré" (Mt. 25:21).

—"Si" y "Entonces": "Si se humillare mi pueblo, sobre el cual mi nombre es invocado, y oraren, y buscaren mi rostro, y se convirtieren de sus malos caminos; entonces yo oiré desde los cielos, y perdonaré sus pecados, y sanaré su tierra" (2 Cr. 7:14).

—Preguntas y respuestas: "¿Quién es este Rey de gloria? Jehová el fuerte y valiente, Jehová el poderoso en batalla" (Sal. 24:8).

Comparaciones y contrastes. Por ejemplo "Oísteis que fue dicho... Pero yo os digo... (Mt. 5:21).

▸ *Forma literaria.* La Biblia es literatura, y los tres principales tipos de literatura de la Biblia son el discurso (las epístolas), la prosa (historia del Antiguo Testamento) y la poesía (Salmos). Teniendo en cuenta el tipo de literatura, habrá una gran diferencia al leer e interpretar las Escrituras.

▸ *Ambiente.* El autor tenía una razón particular o una carga para escribir cada pasaje, libro y capítulo. Asegúrese de que comprende la actitud, el tono o la importancia de cada escrito.

Una vez que haya tenido en cuenta estas cosas, estará listo para hacerse las cuatro preguntas básicas:

¿Quién?	¿Quién aparece en este pasaje?
¿Qué?	¿Qué está pasando en este pasaje?
¿Dónde?	¿Dónde tiene lugar la historia?
¿Cuándo?	¿Cuándo (en qué día, año de la historia)?

Hacerse estas cuatro preguntas puede ayudarle a darse cuenta de ciertos términos y a apreciar el ambiente. Las respuestas también le permiten utilizar su imaginación para recrear la escena que está leyendo.

Cuando responda a estas cuatro preguntas y se imagine el suceso, probablemente llegue a plantearse sus propias preguntas. Con estas preguntas adicionales, puede edificar un puente entre la observación (primer paso) y la interpretación (segundo paso) en este proceso de estudio de la Biblia.

Interpretación

Interpretar es descubrir el significado del pasaje, la idea principal o el pensamiento del autor. Responder a las preguntas que le surjan durante la observación le ayudará con el proceso de la interpretación. Cinco pistas le pueden ayudar a determinar los principales puntos del autor:

- ▶ *Contexto.* Puede contestar al 75% de las preguntas sobre un pasaje cuando lee el texto. Leer el texto implica fijarse en el contexto cercano (el versículo inmediatamente anterior y posterior) y el contexto lejano (el párrafo o capítulo que precede o sigue al pasaje que está estudiando).
- ▶ *Referencias cruzadas.* Deje que las Escrituras interpreten las Escrituras. O sea, deje que otros pasajes de la Biblia arrojen luz sobre el pasaje que está usted observando. Al mismo tiempo, tenga cuidado a la hora de suponer que una misma palabra o frase significa lo mismo en un párrafo que en otro.
- ▶ *Cultura.* La Biblia se escribió hace mucho tiempo, así que cuando la interpretemos, es necesario que entendamos el contexto cultural de los que la escribieron.
- ▶ *Conclusión.* Una vez contestadas las preguntas por medio del contexto, las referencias cruzadas y la cultura, usted puede realizar una declaración preliminar sobre su forma de entender el pasaje. Recuerde que su pasaje consta de más de un párrafo, y el autor puede estar presentando más de una idea o pensamiento.

▶ *Consultar.* Leer comentarios bíblicos, que están escritos por estudiosos de la Biblia, puede ayudarle a interpretarla.

Aplicación

Estudiamos la Biblia para aplicarla. Queremos que nuestras vidas cambien. Queremos obedecer a Dios y parecernos más a Jesucristo. Después de observar un pasaje, e interpretarlo o entenderlo lo mejor posible según nuestra capacidad, debemos aplicar sus verdades a nuestra vida.

Podría hacerse las siguientes preguntas sobre cada pasaje de las Escrituras que estudie:

▶ ¿Cómo afecta mi relación con Dios la verdad revelada aquí?
▶ ¿Cómo afecta esta verdad mi relación con los demás?
▶ ¿Cómo me afecta a mí?
▶ ¿Cómo afecta esta verdad mi respuesta ante el enemigo, Satanás?

El proceso de aplicación no se completa simplemente contestando a estas preguntas. La clave está en *poner en práctica* lo que Dios le ha enseñado en su estudio. Aunque no puede en todo momento, de forma consciente aplicar *todo* lo que ha aprendido en el estudio de la Biblia, puede conscientemente aplicar algo. Y cuando usted trabaja en la aplicación de la verdad a su vida, Dios lo bendice por los esfuerzos realizados y lo conforma a la imagen de Jesucristo.

Recursos útiles para el estudio de la Biblia

Concordancia: La *Concordancia exhaustiva* de Strong
Diccionario bíblico: *Nuevo Diccionario Bíblico Ilustrado* de Vila/ Escuain. El Diccionario de Certeza o el de Holman
Diccionario de la Lengua Española, Real Academia Española
El mundo que Jesús conoció, Anne Punton.
De qué trata la Biblia, Henrietta C. Mears.
Nuevo manual bíblico Unger, Merrill F. Unger
Auxiliar bíblico Portavoz
Nuevo manual de los usos y costumbres de los tiempos bíblicos, Ralph Gower.
Cómo entender e interpretar la Biblia, John Phillips

Liderar un grupo de estudio bíblico

☖

Es un privilegio dirigir un estudio bíblico. Cuánto gozo y disfrute le espera examinando la Palabra de Dios y ayudando a otros a descubrir esas verdades que cambian la vida. Si Dios lo ha llamado para dirigir un grupo de estudio bíblico, sé que pasará mucho tiempo orando, planeando y pensando cómo ser un líder eficaz. También sé que tomarse un tiempo para leer estos consejos, lo ayudará a desenvolverse en el liderazgo del grupo de estudio bíblico y disfrutar del esfuerzo y la oportunidad que esto supone.

El papel de los líderes

Como líder de un grupo de estudio bíblico, comprobará que su papel cambia de experto, a animador, pasando por amigo y árbitro durante el tiempo que dura una sesión.

Ya que es usted el líder, los miembros del grupo buscarán en usted al experto que los guíe a través del material que se utilizará. Así que prepárese bien. De hecho, prepárese más que bien para conocer el material mejor que cualquier miembro del grupo. Empiece a hacer su estudio a principios de semana y deje que el mensaje se vaya "cocinando" durante toda la semana. (Incluso puede trabajar varias lecciones por delante para tener en mente la imagen más general y la dirección completa del estudio). Esté dispuesto a compartir algunas joyas adicionales que su grupo no hubiera sido capaz de descubrir por sí mismos. Esa perspectiva extra procedente de su tiempo de estudio del tema —o ese comentario de un estudioso, o de un especialista de la Biblia, esa frase perspicaz, esa inteligente observación de otro creyente, e incluso un chiste adecuado—

añade un elemento de diversión y hace que el estudio de la Biblia no se convierta en algo rutinario, monótono y aburrido.

Segundo, esté preparado para ser el "animador" del grupo. Su energía y entusiasmo para la tarea que tiene que realizar pueden resultar contagiosos. También puede estimular a los demás para que se involucren más en el estudio personal y en la discusión del grupo.

Tercero, sea un amigo, que muestra una preocupación genuina por los integrantes. Usted será el que cree el ambiente del grupo. Si usted se ríe y se divierte, los miembros del grupo se reirán y lo pasarán bien. Si usted abraza, ellos abrazarán. Si usted se preocupa, ellos se preocuparán. Si usted hace comentarios, ellos también los harán. Si usted ama, ellos amarán. Así que ore diariamente para amar a las personas que Dios ha puesto en su grupo. Pídale a Él que le muestre cómo amarlos con su amor.

Finalmente, como líder, tendrá que comportarse algunas veces como un árbitro. Esto significa asegurarse de que todos tienen la misma oportunidad de hablar. Es más fácil hacerlo cuando se actúa bajo la suposición de que todos los miembros del grupo tienen algo que merece la pena expresar. Así que, confiando en que el Señor haya enseñado a todos durante la semana, actúe según esta suposición.

Experto, animador, amigo y árbitro, estos cuatro papeles del líder pueden hacer que la tarea parezca demasiado difícil. Pero eso no es malo, si es lo que le mantiene orando de rodillas por su grupo.

Un buen comienzo

Empezar a tiempo, saludar a cada uno con afecto y comenzar con una oración hace que el estudio tenga un buen comienzo. Sepa qué es lo que quiere que suceda durante la reunión y trate de hacer las cosas previstas. Que haya este tipo de orden hace que los integrantes se sientan más cómodos.

Establezca un formato y deje que el grupo sepa cuál es este. Las personas aprecian estar en un estudio bíblico que se centre en la Biblia. Así que mantenga el tema de discusión y haga que el grupo avance mediante preguntas. Es difícil no salirse del tema principal, y más difícil aún mantener el control sobre esos temas adicionales. Así que asegúrese de centrarse en responder a las preguntas sobre el pasaje específico que se está tratando. Después de todo, el propósito del grupo es estudiar la Biblia.

Por último, como alguien dijo alguna vez acertadamente: "El crecimiento personal es uno de los resultados secundarios de cualquier grupo celular eficaz. Este crecimiento se consigue cuando cada uno es reconocido y aceptado por los demás. Cuanto más cordialidad, confianza, respeto mutuo y amabilidad se demuestre, más posibilidades hay de que los miembros se encuentren a gusto en el grupo y también más posibilidades hay de que los miembros trabajen juntos en la consecución de los objetivos del grupo. El líder eficaz debe intentar fortalecer las cualidades deseables" (Fuente desconocida).

Doce consejos útiles

Aquí hay una lista de sugerencias útiles para liderar un grupo de estudio bíblico:

1. Llegue temprano y dispuesto a centrarse completamente en los demás y a darse a ellos. Si tiene que hacer una preparación, un repaso, un reagrupamiento o una oración de última hora, hágalo en el automóvil. No aparezca de golpe, sin aliento, apresurado y con los planes a medias.

2. Controle previamente el lugar de reunión. ¿Tiene todo lo que necesita: mesas, sillas suficientes, un pizarrón, los himnarios —si tiene pensado cantar— café... etc.?

3. Salude afectuosamente a todos dirigiéndose a ellos por su nombre. Después de todo lleva orando toda la semana por cada uno, así que permita que esas personas tan importantes para usted sepan que se alegra de verlos.

4. Utilice etiquetas de identificación al menos durante dos semanas.

5. Empiece a horario, aunque solo haya una persona allí.

6. Elabore una frase de apertura agradable, pero firme. Puede decir por ejemplo: "Esta lección fue genial. Empecemos para poder disfrutar todos de ella". O también: "Oremos antes de comenzar nuestra lección".

7. Lea las preguntas, pero no dude en parafrasearlas en alguna ocasión. En lugar de leer todo un párrafo de instrucciones, puede decir por ejemplo: "La pregunta 1 nos pide que enumeremos algunas de las maneras en las que Cristo mostró humildad. Luisa, por favor, coméntanos alguna manera en la que Cristo demostró humildad".

8. Resuma o parafrasee las respuestas que se dan. Hacer esto permitirá mantener la discusión centrada en el tema, eliminar las digresiones, evitar o aclarar cualquier malentendido del

texto y hacer que todos los miembros del grupo sean conscientes de lo que están diciendo los demás.

9. Siga adelante y no añada sus propias preguntas a la discusión. Es importante realizar el estudio siguiendo las preguntas guía. Así que si se solicita alguna respuesta deliberada, no hace falta que diga nada excepto gracias. Pero si se pregunta por una opinión o una aplicación práctica (por ejemplo: "¿Cómo puede ayudarnos esta verdad en nuestro matrimonio?" o "¿Cómo podemos encontrar tiempo para el recogimiento personal?"), permita que todos contribuyan.

10. Reafirme a cada una de las personas que participan, especialmente si la contribución fue personal o dolorosa, o fue la aportación inusual de una persona tímida. Haga que todo el que aporte algo se sienta un héroe, diciendo algo como: "Gracias por ofrecernos ese ejemplo sacado de tu vida" o "Apreciamos lo que Dios te ha enseñado. Gracias por hacérnoslo saber".

11. Vigile su reloj; ponga un reloj enfrente de usted o considere la idea de utilizar un cronómetro. Marque el ritmo de la discusión para que se ajuste al tiempo límite que tiene para la reunión, en especial si desea que quede tiempo para orar. Deténgase cuando llegue la hora, incluso aunque no se haya terminado todavía la lección. Recuerde que todos han realizado ya su estudio; usted simplemente está repasando la lección una vez más.

12. Termine a tiempo. Solo se puede entablar amistad entre los miembros del grupo si se termina a tiempo o incluso un poco antes. Además, todos tienen otras cosas que hacer después de la reunión, así que déjelos que salgan a tiempo.

Cinco problemas comunes

En cualquier grupo, se pueden anticipar ciertos problemas. He aquí algunos de ellos acompañados de soluciones útiles:

1. *La lección incompleta.* Desde el principio, establezca la política de que si alguien no ha hecho la lección, es mejor que no responda a las preguntas. Pero intente incluir sus respuestas cuando se trate de dar opiniones o hablar de experiencias personales. Todos pueden aportar sus puntos de vista respecto a cosas del tipo: "Reflexione sobre lo que sabe del

entrenamiento tanto físico como espiritual, y después diga cuáles son para usted los elementos esenciales para entrenarse en ser piadosos".

2. *El chismorreo.* La Biblia nos enseña claramente que chismorrear es malo, así que no permita que esto se haga en su grupo. Establezca un límite estricto a este comportamiento diciendo: "No me siento cómodo hablando de esto" o "Estamos (nosotros, no tú) chismorreando. Vamos a dejarlo".

3. *El miembro que habla mucho:* Aquí hay tres posibles situaciones y algunos ejemplos para solucionarlas.

   a. Los hablantes problemáticos puede que estén hablando porque han hecho sus deberes y están deseosos de comentar algo en particular. Puede que sepan incluso más sobre el tema que los demás, y si usted no les permite hablar, tal vez los demás sufran las consecuencias.

   SOLUCIÓN: Haga un comentario del tipo: "Sara, estás haciendo aportaciones muy útiles. Vamos a ver si estas tienen algún tipo de efecto sobre los demás" o "Sé que Miguel puede contestar a eso. Ha hecho su trabajo muy bien. ¿Y los demás?".

   b. Los miembros charlatanes puede que hablen porque no han hecho sus deberes y quieren contribuir, pero no saben ponerse límites.

   SOLUCIÓN: Ponga como regla al principio de la lección que aquellos que no hayan hecho sus deberes deben abstenerse de hacer acotaciones a menos que se trate de dar opiniones o hacer comentarios prácticos. Quizá sea necesario que usted repita esta regla en cada sesión.

   c. Los que hablan mucho puede que quieran que se los escuche, aunque no tengan nada que decir que merezca la pena ser escuchado.

   SOLUCIÓN: Si no atienden a comentarios sutiles, sea más directo y diga: "Luis, ya sé que te gustaría dar tu parecer sobre esto, pero deja que otros también tengan la oportunidad de hacerlo. Luego te preguntaré a ti".

5. *El miembro reservado.* Aquí hay dos tipos de situaciones que se pueden producir y las soluciones posibles.

   a. El miembro reservado quiere participar, pero no tiene la oportunidad de hacerlo.

SOLUCIÓN: Facilite el camino a los miembros que permanecen en silencio observándolos en busca de pistas que le hagan pensar que quieren hablar (sentarse en el borde de la silla, mirar como si desearan hablar, incluso empezar a decir algo) y después diga: "Un momento. Creo que Cristina quiere decir algo". Por supuesto, después haga que ella se sienta útil por lo que ha dicho.

b. La persona ni siquiera desea participar.

SOLUCIÓN: "Cristina, ¿qué respuesta tienes para la pregunta 2?" o "Cristina, ¿qué piensas tú?". Normalmente después que las personas contribuyen algunas veces, se vuelven más confiadas y están más predispuestas a hablar. Su papel es darles la oportunidad cuando no exista la posibilidad de una respuesta equivocada. Pero en ocasiones, los miembros del grupo le dirán que no quieren ser preguntados. Respete su deseo, pero de vez en cuando vuelva a preguntarles en privado si están listos para participar en las discusiones del grupo. Deles a todos los integrantes el derecho a pasar. Durante la primera reunión, explique que cualquier miembro que en un momento concreto no desee colaborar puede decir simplemente "Paso". Puede dejar esto claro al principio de cada reunión.

6. *La respuesta equivocada.* Nunca les diga a los miembros del grupo que se han equivocado al dar la respuesta, pero al mismo tiempo no deje pasar una respuesta equivocada.

SOLUCIÓN: Pregunte si alguien más tiene una respuesta diferente o plantee preguntas adicionales para que surja la verdadera respuesta. Cuando se estén acercando a la respuesta correcta diga: "Caliente, caliente. Sigamos pensando un poco más. Casi ya lo tenemos".

Aprender de la experiencia

Inmediatamente después de cada sesión de estudio bíblico, evalúe la discusión del grupo utilizando esta lista de comprobación. También puede hacer que un integrante (o un ayudante, un asistente en prácticas o un observador externo) lo evalúe a usted periódicamente.

¡Qué Dios le dé fuerza —y valor— para ayudar a otros a descubrir sus muchas y maravillosas verdades!

Plan para leer
la Biblia en un año

Génesis

❑ 1	1–3
❑ 2	4–7
❑ 3	8–11
❑ 4	12–15
❑ 5	16–18
❑ 6	19–22
❑ 7	23–27
❑ 8	28–30
❑ 9	31–34
❑ 10	35–38
❑ 11	39–41
❑ 12	42–44
❑ 13	45–47
❑ 14	48–50

Éxodo

❑ 15	1–4
❑ 16	5–7
❑ 17	8–11
❑ 18	12–14
❑ 19	15–18
❑ 20	19–21
❑ 21	22–24
❑ 22	25–28
❑ 23	29–31
❑ 24	32–34
❑ 25	35–37
❑ 26	38–40

	Levítico
❏ 27	1–3
❏ 28	4–6
❏ 29	7–9
❏ 30	10–13
❏ 31	14–16

Febrero

❏ 1	17–20
❏ 2	21–23
❏ 3	24–27

	Números
❏ 4	1–2
❏ 5	3–4
❏ 6	5–6
❏ 7	7–8
❏ 8	9–10
❏ 9	11–13
❏ 10	14–15
❏ 11	16–17
❏ 12	18–19
❏ 13	20–21
❏ 14	22–23
❏ 15	24–26
❏ 16	27–29
❏ 17	30–32
❏ 18	33–36

	Deuteronomio
❏ 19	1–2
❏ 20	3–4
❏ 21	5–7
❏ 22	8–10
❏ 23	11–13
❏ 24	14–16
❏ 25	17–20
❏ 26	21–23
❏ 27	24–26
❏ 28	27–28

Marzo

❏ 1	29–30
❏ 2	31–32
❏ 3	33–34

Josué

❏ 4	1–4
❏ 5	5–7
❏ 6	8–10
❏ 7	11–14
❏ 8	15–17
❏ 9	18–21
❏ 10	22–24

Jueces

❏ 11	1–3
❏ 12	4–6
❏ 13	7–9
❏ 14	10–12
❏ 15	13–15
❏ 16	16–18
❏ 17	19–21

Rut

❏ 18	1–4

1 Samuel

❏ 19	1–3
❏ 20	4–6
❏ 21	7–9
❏ 22	10–12
❏ 23	13–14
❏ 24	15–16
❏ 25	17–18
❏ 26	19–20
❏ 27	21–23
❏ 28	24–26
❏ 29	27–29
❏ 30	30–31

2 Samuel

❏ 31	1–3

Abril

❑ 1	4–6
❑ 2	7–10
❑ 3	11–13
❑ 4	14–15
❑ 5	16–17
❑ 6	18–20
❑ 7	21–22
❑ 8	23–24

1 Reyes

❑ 9	1–2
❑ 10	3–5
❑ 11	6–7
❑ 12	8–9
❑ 13	10–12
❑ 14	13–15
❑ 15	16–18
❑ 16	19–20
❑ 17	21–22

2 Reyes

❑ 18	1–3
❑ 19	4–6
❑ 20	7–8
❑ 21	9–11
❑ 22	12–14
❑ 23	15–17
❑ 24	18–19
❑ 25	20–22
❑ 26	23–25

1 Crónicas

❑ 27	1–2
❑ 28	3–5
❑ 29	6–7
❑ 30	8–10

Mayo

❑ 1	11–13
❑ 2	14–16
❑ 3	17–19

❏ 4   20–22
❏ 5   23–25
❏ 6   26–27
❏ 7   28–29

2 Crónicas
❏ 8   1–4
❏ 9   5–7
❏ 10   8–10
❏ 11   11–14
❏ 12   15–18
❏ 13   19–21
❏ 14   22–25
❏ 15   26–28
❏ 16   29–31
❏ 17   32–33
❏ 18   34–36

Esdras
❏ 19   1–4
❏ 20   5–7
❏ 21   8–10

Nehemías
❏ 22   1–3
❏ 23   4–7
❏ 24   8–10
❏ 25   11–13

Ester
❏ 26   1–3
❏ 27   4–7
❏ 28   8–10

Job
❏ 29   1–4
❏ 30   5–8
❏ 31   9–12

Junio

❏ 1   13–16
❏ 2   17–20

❏ 3	21–24
❏ 4	25–30
❏ 5	31–34
❏ 6	35–38
❏ 7	39–42

Salmos

❏ 8	1–8
❏ 9	9–17
❏ 10	18–21
❏ 11	22–28
❏ 12	29–34
❏ 13	35–39
❏ 14	40–44
❏ 15	45–50
❏ 16	51–56
❏ 17	57–63
❏ 18	64–69
❏ 19	70–74
❏ 20	75–78
❏ 21	79–85
❏ 22	86–90
❏ 23	91–98
❏ 24	99–104
❏ 25	105–107
❏ 26	108–113
❏ 27	114–118
❏ 28	119
❏ 29	120–134
❏ 30	135–142

Julio

❏ 1	143–150

Proverbios

❏ 2	1–3
❏ 3	4–7
❏ 4	8–11
❏ 5	12–15
❏ 6	16–18
❏ 7	19–21
❏ 8	22–24
❏ 9	25–28

❏ 10   29–31

Eclesiastés
❏ 11   1–4
❏ 12   5–8
❏ 13   9–12

Cantar de los cantares
❏ 14   1–4
❏ 15   5–8

Isaías
❏ 16   1–4
❏ 17   5–8
❏ 18   9–12
❏ 19   13–15
❏ 20   16–20
❏ 21   21–24
❏ 22   25–28
❏ 23   29–32
❏ 24   33–36
❏ 25   37–40
❏ 26   41–43
❏ 27   44–46
❏ 28   47–49
❏ 29   50–52
❏ 30   53–56
❏ 31   57–60

Agosto

❏ 1   61–63
❏ 2   64–66

Jeremías
❏ 3   1–3
❏ 4   4–6
❏ 5   7–9
❏ 6   10–12
❏ 7   13–15
❏ 8   16–19
❏ 9   20–22
❏ 10   23–25

❑ 11	26–29
❑ 12	30–31
❑ 13	32–34
❑ 14	35–37
❑ 15	38–40
❑ 16	41–44
❑ 17	45–48
❑ 18	49–50
❑ 19	51–52

Lamentaciones

❑ 20	1–2
❑ 21	3–5

Ezequiel

❑ 22	1–4
❑ 23	5–8
❑ 24	9–12
❑ 25	13–15
❑ 26	16–17
❑ 27	18–20
❑ 28	21–23
❑ 29	24–26
❑ 30	27–29
❑ 31	30–31

Septiembre

❑ 1	32–33
❑ 2	34–36
❑ 3	37–39
❑ 4	40–42
❑ 5	43–45
❑ 6	46–48

Daniel

❑ 7	1–2
❑ 8	3–4
❑ 9	5–6
❑ 10	7–9
❑ 11	10–12

Oseas

❑ 12   1–4
❑ 13   5–9
❑ 14   10–14

❑ 15   **Joel**

Amós

❑ 16   1–4
❑ 17   5–9

❑ 18   **Abdías** y **Jonás**

Miqueas

❑ 19   1–4
❑ 20   5–7

❑ 21   **Nahum**

❑ 22   **Habacuc**

❑ 23   **Sofonías**

❑ 24   **Hageo**

Zacarías

❑ 25   1–4
❑ 26   5–9
❑ 27   10–14

❑ 28   **Malaquías**

Mateo

❑ 29   1–4
❑ 30   5–7

Octubre

❑ 1   8–9
❑ 2   10–11
❑ 3   12–13
❑ 4   14–16
❑ 5   17–18

❏ 6   19–20
❏ 7   21–22
❏ 8   23–24
❏ 9   25–26
❏ 10   27–28

Marcos
❏ 11   1–3
❏ 12   4–5
❏ 13   6–7
❏ 14   8–9
❏ 15   10–11
❏ 16   12–13
❏ 17   14
❏ 18   15–16

Lucas
❏ 19   1–2
❏ 20   3–4
❏ 21   5–6
❏ 22   7–8
❏ 23   9–10
❏ 24   11–12
❏ 25   13–14
❏ 26   15–16
❏ 27   17–18
❏ 28   19–20
❏ 29   21–22
❏ 30   23–24

Juan
❏ 31   1–3

Noviembre

❏ 1   4–5
❏ 2   6–7
❏ 3   8–9
❏ 4   10–11
❏ 5   12–13
❏ 6   14–16
❏ 7   17–19
❏ 8   20–21

Hechos

❑ 9	1–3
❑ 10	4–5
❑ 11	6–7
❑ 12	8–9
❑ 13	10–11
❑ 14	12–13
❑ 15	14–15
❑ 16	16–17
❑ 17	18–19
❑ 18	20–21
❑ 19	22–23
❑ 20	24–26
❑ 21	27–28

Romanos

❑ 22	1–3
❑ 23	4–6
❑ 24	7–9
❑ 25	10–12
❑ 26	13–14
❑ 27	15–16

1 Corintios

❑ 28	1–4
❑ 29	5–7
❑ 30	8–10

Diciembre

❑ 1	11–13
❑ 2	14–16

2 Corintios

❑ 3	1–4
❑ 4	5–9
❑ 5	10–13

Gálatas

❑ 6	1–3
❑ 7	4–6

	Efesios
❏ 8	1–3
❏ 9	4–6
❏ 10	**Filipenses**
❏ 11	**Colosenses**
❏ 12	**1 Tesalonicenses**
❏ 13	**2 Tesalonicenses**
❏ 14	**1 Timoteo**
❏ 15	**2 Timoteo**
❏ 16	**Tito** y **Filemón**
	Hebreos
❏ 17	1–4
❏ 18	5–8
❏ 19	9–10
❏ 20	11–13
❏ 21	**Santiago**
❏ 22	**1 Pedro**
❏ 23	**2 Pedro**
❏ 24	**1 Juan**
❏ 25	**2, 3 Juan, Judas**
	Apocalipsis
❏ 26	1–3
❏ 27	4–8
❏ 28	9–12
❏ 29	13–16
❏ 30	17–19
❏ 31	20–22